编委会名单

丛书编委会

丛书主编：胡　霞　李学勇　王洪树

顾问委员：李言荣　李政涛　王顺洪　崔昌宏　何　荣

丛书编委：杨伟宾　刘　锋　胡　芳　李　蓓　杨尚薇
　　　　　李红鸣　杨成兰　饶玉萍　罗　宇　张红梅

本书编委会

主　　编：李学勇　冯维东　龙　波

副主编：李　茂　饶世权　王　寅　黎　明

编　　委：熊　夏　彭　燕　代光辉　陈　明　张　瑜
　　　　　曾毓常　陈　楠　王　梅　吴金全　陈铁军
　　　　　郭子其

大中小学思想政治理论课一体化专题教学设计
——政治与法治篇

李学勇　冯维东　龙　波　主编

图书在版编目（CIP）数据

大中小学思想政治理论课一体化专题教学设计.政治与法治篇 / 李学勇，冯维东，龙波主编. — 2版. — 成都：四川大学出版社，2024.5
ISBN 978-7-5690-6708-8

Ⅰ. ①大… Ⅱ. ①李… ②冯… ③龙… Ⅲ. ①高等学校－思想政治教育－教学设计－中国②政治课－教学设计－中小学 Ⅳ. ①G641②G633.202

中国国家版本馆CIP数据核字（2024）第043564号

书　　名：	大中小学思想政治理论课一体化专题教学设计——政治与法治篇
	Da-zhong-xiaoxue Sixiang Zhengzhi Lilunke Yitihua Zhuanti Jiaoxue Sheji——Zhengzhi yu Fazhi Pian
主　　编：	李学勇　冯维东　龙　波

选题策划：唐　飞　段悟吾
责任编辑：庄　溢
责任校对：李畅炜
装帧设计：墨创文化
责任印制：王　炜

出版发行：四川大学出版社有限责任公司
　　　　　地址：成都市一环路南一段24号（610065）
　　　　　电话：（028）85408311（发行部）、85400276（总编室）
　　　　　电子邮箱：scupress@vip.163.com
　　　　　网址：https://press.scu.edu.cn
印前制作：四川胜翔数码印务设计有限公司
印刷装订：四川省平轩印务有限公司

成品尺寸：170 mm×240 mm
印　　张：17.75
字　　数：255千字
版　　次：2021年10月 第1版
　　　　　2024年 5 月 第2版
印　　次：2024年 5月 第1次印刷
定　　价：78.00元

本社图书如有印装质量问题，请联系发行部调换

■ 版权所有 ◆ 侵权必究

扫码获取数字资源

四川大学出版社
微信公众号

总 序

冯建军

"培养什么人、怎样培养人、为谁培养人"是教育的根本性问题。新时代的教育要全面贯彻党的教育方针，落实立德树人根本任务，努力培养担当民族复兴大任的时代新人，培养德智体美劳全面发展的社会主义建设者和接班人。2019年3月18日，习近平总书记在学校思想政治理论课教师座谈会上指出，思想政治理论课是落实立德树人根本任务的关键课程。办好思想政治理论课，最根本的是要全面贯彻党的教育方针，解决好培养什么人、怎样培养人、为谁培养人这个根本问题。

重视思想政治教育和思想政治理论课（简称"思政课"）建设是我国教育的传统和突出优势。但长期以来，我们对思想政治教育和思政课大中小学一体化建设的意识不强，致使大中小学思政课课程内容一体化设计、不同学段的衔接、不同课程的配置等存在许多问题。针对这些问题，习近平总书记明确要求，要把统筹推进大中小学思政课一体化建设作为一项重要工程，在大中小学循序渐进、螺旋上升地开设思想政治理论课。这一重要讲话为新时代大中小学思政课一体化建设指明了方向。

大中小学思政课一体化，坚持统一性、进阶性两大原则。统一性原则强调大中小学思政课教学目标统一、教学核心内容统一、教学理念和教学方法的统一。进阶性原则突出不同学段的特点，做到螺旋式上升。同一主题针对不同学段的特点设计区分度，同时协调好不同学段的衔接。小学阶段重在启蒙道德情感，初中阶段重在打牢思想基础，高中阶段重在提升政治素养，大学阶段重在增强使命担当。大中小学一体化是思政课建设的方向，实践中，我们需要具体落实，探讨一体化建设如何才能由表及里、由点到面，走实、走深；如何才能常态、经常、长效；如何才能做到打破学段壁垒，既尊重学段差异，又能让各学段有效衔接；如何才能真正实现循序渐进、螺旋上升；等等。为了探索和解决这些实践问题，成都树德中学联合西南交通大学、四川大学、成都实验小学、成都龙江路小学以专题化教学为突破口，按照一体化的思路，分专题教学设计，努力推动大中小学思政课一体化走实、走深。今天呈现在大家面前的《大中小学思政课一体化专题教学设计》丛书就是他们合作进行大中小学思政课一体化教学探索的成果。

本套丛书贯穿习近平新时代中国特色社会主义思想铸魂育人的主线，按照中国特色社会主义事业"五位一体"总体布局和"构建人类命运共同体"这一时代命题，设置了《经济与社会篇》《政治与法治篇》《文化与哲学篇》《中国特色社会主义篇》《和平发展篇》五个分册。每个分册遵循教育的深层规律和内在逻辑，立足学生的健康成长，打破传统的学段区隔，以专题化教学设计为突破口，注重整体设计，让大学、高中、初中、小学四个学段围绕同一个主题，分工协作、同向发力，使德育润物无声，如春风化雨般浸润学生心田。

丛书设计充分尊重各学段的特点，既强调各学段紧密结合学生的身心特点在教学目标、内容、方法上有明显区分度，又强调各学段"瞻前顾后"、有机衔接，层层深入、步步进阶，真正体现丛书"循序渐进、螺旋上升"的设计理念。在教学设计上既凸显了本段思维，又强调前段思维和后段思维的贯通，探索大中小学思政课沟通、协作、共建、共享的一体化运作机制，致力打造全学段育人的良好生态。

丛书每一专题构建了包含教学目标、教学内容、教学重难点、学情分析、设计思路、实施方案、资源链接、考核评价等在内的整体教学设计方案，切实发挥思政课的主渠道作用。丛书强调主导性和学生主体性相统一。在教学设计中，围绕学生、关照学生、服务学生，积极回应不同学段学生的需求和期待，强调有的放矢，精准施教；贴近学生实际，用身边事说理，用学生喜闻乐见的形式教学，增强亲和力、吸引力和感染力，让教学不仅棱角分明而且有情有义；注重调动学生的积极性、主动性和创造性，吸引学生积极参与教学，在启发引导中，全面提升学生运用马克思主义的立场、观点、方法观察问题、分析问题、解决问题的实际能力，让教学活起来、动起来。

丛书体现了鲜明的集成创新。大中小学思政课教学一体化是思想政治教育领域一场深刻的革命，需要全面深化改革，系统推进教学创新。丛书打破了传统的学段区隔，围绕专题一体化教学设计，是教学理念的重大革新；丛书依据教材但又不局限教材，构建专题化的一体化教学体系，推动教材体系向教学体系、学生信仰体系转化，是教学体系的一次重构；丛书针对各学段的特点，将传统和现代相结合，综合运用案例分析、讨论辩论、情景体验、实践实验等方法开展教学，是教学方法的一次综合创新；丛书是成都树德中学、西南交通大学、四川大学、成都实验小学、成都龙江路小学五所学校紧密合作的成果，是探索大中小学思政课共融、共建、共育、共进的一体化建设新模式。

丛书坚持有所为、又有所不为。有所为，就是坚持鲜明的实践导向，力求教学设计科学、实用，真正能为全国大中小学思政课一体化教学提供了可借鉴、可复制的操作性范例；有所不为，就是不求面面俱到，但求重点突出，既给出方案，又留有自主空间，力图抛砖引玉让全国的同仁深入探讨、多出良策。

大中小学思政课一体化的教学实践是一个新事物，还在探索之中。丛书给大家呈现的探索还不完美，还存在一些问题，如专题选择不合理、教学设计不科学、学段特征把握不精准、实际效果还有待实践进一步检验，等等。但新的实践探索，总需要有人走在前面，尽管不完美，但它是必须的，我们无法保证设计的是一个个完美的教学设计方案。习近平总书记指出，办好思政课关键在教师，关键在发挥教师的积极性、主动性、创造性。思政课教师的积极性、主动性和创造性一定能够弥补丛书中教学设计的不完美。

在丛书出版之际，写上几句话，既表示对丛书出版的祝贺，更表示对五校联合探索大中小学思政课一体化教学的赞赏。这是大中小学思政课一体化建设的实践之花，愿它常开不败！

（作者系国家教材委员会大中小学德育一体化专家委员会委员、义务教育道德与法治课程标准修订组核心成员、南京师范大学道德教育研究所所长、教育部长江学者特聘教授）

序

  道路决定命运。"中国是一个发展中大国,坚持正确的政治发展道路更是关系根本、关系全局的重大问题。"①鞋子合不合脚,自己穿着才知道。中国独特的文化传统、独特的历史命运、独特的基本国情,注定了我们必然要走适合自己特点的发展道路。事实充分证明,中国特色社会主义政治发展道路是历史和人民的选择,是符合中国国情、保证人民当家作主的正确道路。这条道路有效调动了一切社会积极因素,有效促进了社会生产力的解放和发展,有效保障了我国经济社会发展、综合国力提升、人民生活改善,有效维护了各民族长期共同繁荣发展、社会长期和谐稳定的大局面,是党领导人民创造世所罕见的经济快速发展奇迹和社会长期稳定奇迹的根本保证。这条道路来之不易,是近代以来中国人民长期奋斗、艰辛探索的结果,是中国共产党和中国人民的伟大创造,必须倍加珍惜。"在前进道路上,我们要坚定不移走中国特色社会主义政治发展道路,继续推进社会主义民主政治建设、发展社会主义政治文明。"②走中国特色社会主义政治发展道路,必须坚定中国特色社会主义制度自信,增强走中国特色社会主义政治发展道路的信心和决心,始终保持"咬定青山不放松"的政治定力。

---

① 习近平.习近平谈治国理政 第2卷[M].北京:外文出版社,2017:285.
② 习近平.习近平谈治国理政 第2卷[M].北京:外文出版社,2017:285.

"我们党立志于中华民族千秋伟业,必须培养一代又一代拥护中国共产党领导和我国社会主义制度、立志为中国特色社会主义事业奋斗终身的有用人才。"[①]坚定中国特色社会主义制度自信,保持政治定力,必须从学校抓起、从娃娃抓起。思政课作为落实立德树人根本任务的关键课程,更要遵循思想政治工作规律、教书育人规律和学生成长规律,在大中小学循序渐进、螺旋上升地开展制度自信教育,把政治自信的种子播洒进学生的心灵深处,让种子生根发芽、开花结果,引导学生增强"四个意识"、坚定"四个自信"、做到"两个维护",争做担当民族复兴大任的时代新人。正是基于此,我们编写了《大中小思想政治理论课一体化专题教学设计丛书·政治与法治篇》,试图以专题化教学为突破口,探索大中小学思想政治理论课一体化开展制度自信教育的深层规律和内在机理,系统构建包含教学目标、教学内容、教学重难点、学情分析、设计思路、实施方案、资源链接、考核评价、参考文献在内的整体教学设计方案,切实发挥思政课的主渠道作用,真正把大中小学一体化开展制度自信教育落地、落实、落细、落小。

本书精选了三个专题进行大中小学思政课一体化教学设计。

专题一:"永远的主心骨——坚持和加强中国共产党的领导"。本专题按照小学段"童心向党"——启蒙思想情感、初中段"中国共产党好"——打牢思想基础、高中段"解码中国共产党"——提升政治素养、大学段"建设世界上最强大的党"——增强使命担当的逻辑思路进行整体教学设计,通过一系列符合各学段学生身心特点的教学活动,让"坚持和加强党的领导"在学生的心灵深处扎根,让"坚定不移听党话、跟党走"这句话镌刻在学生的脑海中。

专题二:"人民当家作主——坚持和发展中国特色社会主义民主政治"。本专题按照小学段"身边的民主"——启蒙民主意识、初中段"中

---

① 习近平.习近平谈治国理政 第3卷[M].北京:外文出版社,2020:328-329.

国特色社会主义民主政治的制度架构"——认识制度体系、高中段"中国特色社会主义民主政治的制度优势"——增强制度认同、大学段"中国特色社会主义政治发展道路"——坚定制度自信的逻辑思路进行整体教学设计，通过一系列符合各学段学生认知心理发展特点的教学活动，让学生对中国特色社会主义制度有正确的认识、真切体会到中国特色社会主义制度的优势，深入理解中国特色社会主义政治发展道路的历史逻辑、理论逻辑和实践逻辑，坚定中国特色社会主义制度自信。

专题三："治国理政的基本方式——全面推进依法治国"。本专题按照小学段"没有规矩不成方圆"——培养规则意识、初中段"法律让生活更美好"——奠定法律意识、高中段"全面依法治国的基本格局"——提升法治素养、大学段"法治中国建设"——增强法治担当的逻辑思路进行整体教学设计，通过一系列符合各学段学生认知心理发展特点的教学活动，让学生充分明白法治是治国理政的基本方式，深入理解中国特色社会主义法律体系、法治体系、法治道路的精髓，树立法治意识，尊重和维护法律权威，坚定中国特色社会主义法治道路自信。

用习近平新时代中国特色社会主义思想铸魂育人是贯穿全书的一条主线。在教学设计过程中，我们不仅将学习贯彻习近平新时代中国特色社会主义思想作为鲜明的主题、鲜亮的主线，而且把习近平总书记关于党的领导、中国特色社会主义民主政治、全面依法治国等方面的金句、用典、事例有机融入教学中，用真理的力量引导学生，培根铸魂，培育担当民族复兴大任的时代新人。

本书彰显了大中小学思政课一体化教学的理念。我们注重整体设计，让大学、高中、初中、小学四个学段围绕同一个主题，瞄准育人目标，分工协作、同向发力、整体联动，构建浑然一体的教学体系。我们充分尊重各学段学生的特点，既强调各学段在教学目标、内容、方法上有明显区分，又强调各学段"瞻前""顾后"、有机衔接、层层深入、步步进阶，真正体现了"循序渐进、螺旋上升"的一体化教学设计理念。

本书坚持问题导向，体现了鲜明的问题意识。在教学设计中，我们不回避矛盾，不绕开问题，敢涉险滩，敢啃硬骨头，直击大中小学中国特色社会主义政治制度自信教育一体化中的难点、痛点、疑点，查找问题，分析原因，破解难题，务求教学设计能回应现实困惑，取得教学实效。

本书坚持主导性和主体性相统一，注重发挥学生的主体作用。在教学设计中，我们围绕学生、关照学生、服务学生，积极回应不同学段学生的需求和期待，强调有的放矢，精准施教；贴近学生实际，用身边事说理，用学生喜闻乐见的形式教学，增强亲和力、吸引力和感染力，让教学不仅棱角分明而且有情有义；注重调动学生的积极性、主动性和创造性，吸引学生积极参与教学，在启发引导中全面提升学生运用马克思主义的立场、观点、方法观察问题、分析问题、解决问题的实际能力，让教学活起来。

本书坚持改革创新，注重集成效应。大中小学思政课一体化教学是思想政治教育领域一场深刻的革命，需要全面深化改革，系统推进教学创新。在教学设计中，我们打破传统的学段区隔，围绕专题整体设计教学，更新了教学理念，探索了一体化的新路子；我们依据教材但又不局限于教材，突出育人目标导向，推动教材体系向教学体系、学生信仰体系转化，构建了专题化的一体化教学体系；我们针对各学段的特点，综合运用案例分析、讨论辩论、情景体验、实践探究等方法开展教学，推进了教学方法创新；此外，我们还探索了大中小学思想政理论课沟通、协作、共建、共享的一体化运作机制，致力打造全学段育人的良好生态。

本书坚持有所为又有所不为。有所为，就是坚持鲜明的实践导向，力求教学设计科学、实用，真正能为全国大中小学思政课一体化教学提供样板，起到示范作用；有所不为，就是不求面面俱到，但求重点突出，在给出方案的同时，又留有自主空间，以期抛砖引玉让全国的同仁深入探讨大中小学思想政理论课一体化教学设计。

本书是西南交通大学、成都树德中学、成都市实验小学三所学校思政课教师共谋共商、协同作战、集体攻关的智慧结晶。

本书是以专题化方式探索大中小学思政课一体化教学的新尝试，很多东西尚处于摸索阶段，思考还不够成熟，内容还不够完善，效果还有待于实践中进一步检验。此外，囿于编者的知识、水平、能力，书中难免存在不少疏漏，甚至是错误，在此恳请各位专家、同行不吝赐教、悉心指正。

执笔人：李学勇

二〇二一年三月于成都

目录 contents

专题一 永远的主心骨——坚持和加强中国共产党的领导

小学段：童心向党 …………………………………………………003

初中段：中国共产党好 ……………………………………………017

高中段：解码中国共产党 …………………………………………032

大学段：建设世界上最强大的党 …………………………………051

专题二 人民当家作主——坚持和发展中国特色社会主义民主政治

小学段：身边的民主 ………………………………………………085

初中段：中国特色社会主义民主政治的制度架构 ………………100

高中段：中国特色社会主义民主政治的制度优势 ………………127

大学段：中国特色社会主义政治发展道路 ………………………152

专题三 治国理政的基本方式——全面推进依法治国

小学段：没有规矩不成方圆 ………………………………………181

初中段：法律让生活更美好 ………………………………………191

高中段：全面依法治国的基本格局 ………………………………217

大学段：法治中国建设 ……………………………………………246

专题一
Topic 1

永远的主心骨
——坚持和加强中国共产党的领导

一体化设计目标及思路

中国特色社会主义最本质的特征是中国共产党领导，中国特色社会主义制度的最大优势是中国共产党领导。本专题遵循思想政治工作规律、教书育人规律、学生成长规律，本着"循序渐进、螺旋上升"的大中小学思政课一体化教学理念，按照小学段"童心向党"、初中段"中国共产党好"、高中段"解码中国共产党"、大学段"建设世界上最强大的党"的逻辑思路进行整体教学设计，通过一系列符合各学段学生身心特点的教学活动，让"坚持和加强党的领导"在学生心灵深处扎根，引导学生始终听党的话、永远跟党走（见图1-1）。

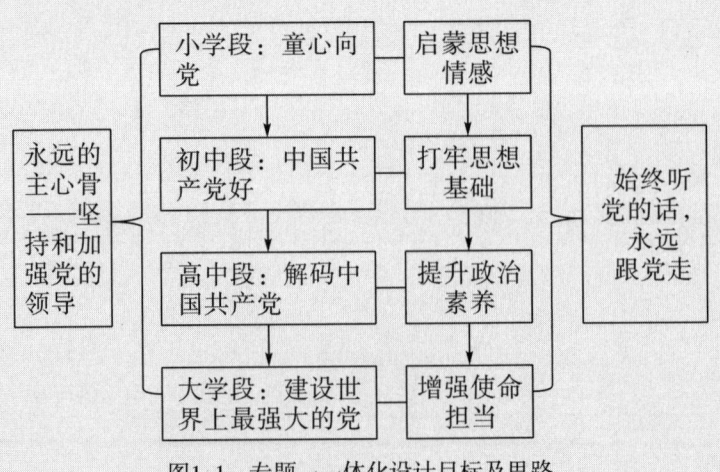

图1-1 专题一一体化设计目标及思路

小学段：童心向党

教学目标

通过中心突出、形式多样、童真童趣的队课，采取"以党带团，以团带队"的方式，把思政小课堂与校园生活和社会生活大课堂相结合，帮助少年儿童了解党、亲近党、热爱党，启发少年儿童对党的真挚、朴素的情感。

教学内容

小学阶段的思政启蒙教育要贯穿队前教育的全过程，具体内容为：感受中国共产党领导下的幸福童年生活，了解"五旗一徽"等红色标识；了解党创立中国少年先锋队（后称"少先队"）的故事，了解少先队的发展，学习并掌握少先队基本知识，感受红领巾的深刻内涵；了解身边爱党爱国的榜样故事，学习优秀少先队员的具体行动并加以实践；庄重完成入队申请书，接受入队仪式的洗礼，向中国共产党、中国少先队靠近。

教学重难点

1. 教学重点。

通过系统的主题队前教育活动,引领少年儿童亲近中国共产党、中国少先队,促成其党性的萌芽。

2. 教学难点。

因地制宜、因校制宜的"红色理想""红领巾梦想"概念解读,以及少年儿童理想信念教育的落地扎根。

学情分析

小学阶段的少年儿童天性纯真,好奇心强,善于模仿学习、故事学习、同伴互助学习,具有极强的可塑性。针对小学生缺乏对党的基本认知这一具体实际,本教学设计依托系统的队前教育活动课程,通过丰富多彩的校园实践活动,让学生在实践活动中主动体验、感受和分享,激发学生的参与热情。

设计思路

1. 设计理念。

通过开展"认识红色标识"活动,促进学生党性萌发;通过讲述党创立少先队的故事和少先队的发展过程,帮助学生掌握少先队的基本知识;通过让学生发现并了解身边爱党爱国的榜样故事,引导学生学习优秀少先队员的具体行动并加以实践;通过入队仪式的体验参与,培养学生主动向中国少先队、中国共产党靠拢的态度和情感。

2. 思维导图（见图1-2）。

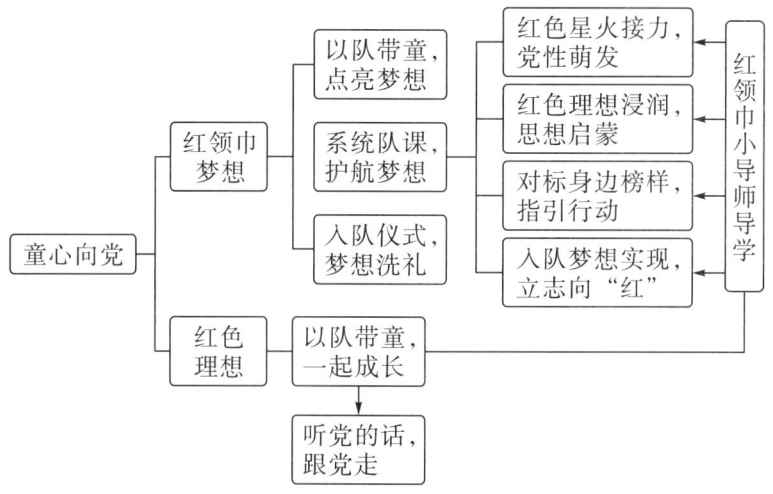

图1-2　专题一小学段思维导图

实施方案

一、系统队课，护航梦想

依托"智慧团建"，探索"智慧队建"，结合本校教研成果，设计出小学新生队前教育系列课程的基础模型。通过开展"学""做""评"三位一体的若干项体验学习活动，使之成为小学生思政启蒙，逐步实现入队梦想的行动指南；因地制宜、因校制宜地整合队前教育课程，以手册、画报、校本教材、动画微课等灵活多样的形式，让小学思政课更有童趣、更得童心。

（一）红色星火接力，党性萌发

1. 教学内容参考。

小文：小雅妹妹，你每天走进校园的时候，看到那几棵樱桃树了吗？

小雅：看到了，看到了！我每天都和它们打招呼呢！听老师说，每年我们学校还要过一次"樱桃节"呢！

小文：是呀！雅园樱桃有许多的故事，今天大队委哥哥姐姐们正要讲述樱桃的故事，我们去听听吧！

小雅：好呀！

梦想行动1 去找一找校园里的樱桃树，每天都和它们问声好吧！

梦想行动2 了解校园樱桃文化的故事，并把故事讲给爸爸妈妈听。

小雅：小文哥哥，为什么我们在每周一的升旗仪式上，都要呼校训呢？

小文：因为我们每个人都要把校训牢记在心里，在行动中去努力做到。

梦想行动3 了解校训的意义，把自己对校训的理解讲给爸爸妈妈听。

小文：发必理，面必洁，衣必整，容必善。

小雅：小文哥哥，我知道下句是什么！言必真，行必正，业必勤，态必雅。

小文：这是"映雅鉴"旁的24字歌，小雅真会观察！

小雅：嘻嘻，谢谢哥哥的鼓励！

梦想行动4 找一找校园的"映雅鉴"，对它说一说心中的红领巾梦想。

梦想行动5 读一读小文、小雅唱的这段"24字歌"。

小雅：我最喜欢红色，虽然墙上这些红色的标识各不相同，但都好漂亮！

小文：这就是我们的"五旗一徽"！让我们一起认识它们吧！

梦想行动6 找一找校园的"五旗一徽"墙，和少先队员一起学习，把它们牢记在心上。

梦想行动7 观看中国少年先锋队全国工作委员会(后称"全国少工委")录制并推广的"入队第一课"视频(参见"资源链接"视频1)。

2. 教师辅导要点。

第一阶段的队前教育,目的在于引导儿童认识校园文化、亲近美好生活,从身边能感知和接触的事物开始,领略党和国家对自己的关爱、对自己校内外生活的影响。听读故事、游园探寻、知识竞赛,都是本阶段需要用到的教学方式。

少先队大队部在统一向新生派发"红领巾梦想护照"①后,可以遴选大队委小骨干组建红领巾小导师团,并对他们进行培训,在系统开展队前教育课程前,安排小导师分组进班举行"结对"仪式。这样的结对仪式会强化学习双主体的成长使命感,彰显思政教育的重要性,能帮助红领巾小导师和其对应辅导的小同学们建立友谊,为后续互动实践学习创造良好条件。

小导师团进班开展导学活动前,思政课教师、少先队辅导员应对导学要点进行梳理,并给予小导师团适当的培训。每一次板块队课结束,少先队辅导员和思政课教师都可以跟进开展学习收获分享会,以得到教学反馈(参见案例1)。

案例1

我是未来的红领巾
——2018级新生结队仪式&队前教育第一课

10月13日是中国少先队建队纪念日,是全体少先队员的节日。清晨,

---
① 红领巾梦想护照:由各校根据工作实际自行编制的队前教育课程读本或指南。

××小学一年级的小同学们收到了一份特别的惊喜：新当选的学校少先队大队委作为"红领巾小小辅导员"，为他们送来了精彩的队前教育第一课。

刚刚通过全校公选诞生的新一届少先队大队委小骨干，组建成6个红领巾先锋支队，并遴选主要干部担任"红领巾小小辅导员"，通过庄重的结对仪式，为一年级同学——未来的"红领巾"们带来了庄严而生动的红领巾课堂。

"我们的旗帜"是今天课程的主题。从认识鲜艳的五星红旗、少先队队旗开始，"红领巾小小辅导员"的分享让每一位小同学认识到旗帜颜色及图案设计背后的深刻内涵。升旗仪式的礼仪学习，让同学们在规范的动作训练中，用行动表达对党和国家、对少先队组织的热爱。系统的课程学习激发起小同学们对中国少先队的无限憧憬和向往，让他们明白了自己正是未来的少先队员，并将从今天开始，通过线上线下持续的红领巾课程，努力学习，刻苦锻炼，为早日成为合格、光荣的少先队员做足准备。

在红领巾结对仪式举行的同时，二年级到六年级各中队也结合建队节主题开展了微队会。××小学的"红领巾"们，正如雏鹰一般展翅，为努力成为共产主义事业的合格建设者和可靠接班人，时刻准备着！

（二）红色理想浸润，思想启蒙

1. 教学内容参考。

小雅：我发现哥哥姐姐们佩戴的红领巾和"五旗"是一样的红色。

小文：是的，因为红领巾正是它们的一角，要实现自己的入队梦想，就应该了解红领巾和"五旗一徽"的故事哦！

小雅：小文哥哥，我好想听！

梦想行动8　观看全国少工委录制并推广的视频"致敬红领巾"（参见"资源链接"视频2），听大队委哥哥姐姐们讲述中国共产党创立少先队的故事。

梦想行动9　关注校园微信公众号，和爸爸妈妈共同学习线上红领巾课程[①]。

小文：小雅妹妹，你会不会系红领巾、行标准的少先队队礼和唱队歌呀？

小雅：嗯，这个嘛……

梦想行动10　观看以"佩戴红领巾"为内容的微课[②]，学会佩戴红领巾的方法。

梦想行动11　观看以"少先队队仪"为内容的微课，学会行少先队队礼，学习少先队活动的基本队仪，获得爸爸妈妈的"点赞"。

梦想行动12　学会唱少先队队歌《我们是共产主义接班人》。

小雅：小文哥哥，我和爸爸妈妈一起学习了红领巾课程，我们都很有收获！

小文：通过学习，你离实现红领巾梦想也更近了哟！

小雅：耶！

梦想行动13　亲子共同完成少先队基本知识小测试[③]，和爸爸妈妈比赛通关。

2. 教师辅导要点。

一年级新生在分批正式加入少先队前，按各地入队规程指导，都有许多应知应会的知识和技能需要掌握。这些学习内容都应该结合基层学校少先队工作的实际情况，被有机整合于本阶段学习中。思政课教师与少先队辅导员应坚信并指导发挥大队委小骨干自主发展的能动性，为他们提供分享创意、展示才华的契机。例如，为大队委带来项目式学习（Project Based Learning，简称PBL）菜单，让他们结合各自特长，分工合作，将队前教育中各项具体

---

① 各小学可以利用学校官网等，配合队前教育或思政课教学进度，编写契合校情、学情的线上学习推文。
② 建议各小学自行录制以"佩戴红领巾"为内容的微课。
③ 各小学可以结合队前教育实际情况，自行编制以少先队基本知识为内容的测试题目。

技能的指导录制成微课材料,让小导师们来示范指导,把思政课教师和少先队辅导员从空洞的说教中解放出来,不仅能节省大量的课上指导教学时间,激活少年儿童双线(线上+线下)队课学习的意识,同时还能达成树立校内、队内优秀队员小标兵的目的,一举多得,有利于提升队前教育与思政教学的效率。

(三)对标身边榜样,指引行动

1. 教学内容参考。

小文:小雅妹妹,你距离实现红领巾梦想已经越来越近了,你应该以一名少先队员的标准来要求自己,向优秀的队员榜样学习。

小雅:小文哥哥,我一定努力。可是,我应该怎么做呢?

小文:小雅妹妹,我来告诉你秘诀吧!

【好学生】

知礼仪,讲文明;遇师长,问声好。

走路轻,不吵闹;上下楼,靠右行。

爱学习,勤思考;多发言,作业好。

有爱心,能谦让;讲道理,重友谊。

【好儿女】

孝父母,用行动;睦兄妹,懂宽让。

自己事,自己做;今日事,今日毕。

【好公民】

明是非,有正气;知安全,能自护。

有公德,乐公益;倡节俭,守法规。

2. 教师辅导要点。

生动、活泼、形象、典型是小学思政课教学及活动设计要考虑的关键词。队前教育第三阶段,某校尝试以三字经的形式在"红领巾梦想护照"

中呈现学习内容，便是为了促使少年儿童在朗朗上口的学习方式中加深对内容的理解，形成深刻的记忆。

在学习组织方面有一个要点，那就是要向少年儿童大力推荐公认的、鲜活的、身边的成长好榜样（少先队中的思政先锋型、品学兼优型、全面发展型、志愿服务型、品德模范型等典型个人、团体，都是"行走"的思政课教材），让抽象的文字条目能透过榜样的言行举止具象化。学校德育与少先队开展的"树立榜样、宣传榜样、用好榜样"的活动相结合，能为校园思政学习营造良好氛围，进一步增强少先队组织、学生群体的向心力（参见案例2）。

案例2

孟××科创工作室推出首次学长课程

10月11日，市优秀少先队员代表孟××成立的科创工作室推出了第一次学长课程。通过前期在网上抢课获得听课入场券的30位同学参加了此次课程的学习，共享了创想、创新、创造所带来的快乐。

课上，"科创男神"孟××首先和学弟学妹们分享了他爱动脑、勤动手的科创经历。孟××将自己用3D打印技术制作而成的专利发明"除油勺"带到了课堂，讲述了发明"除油勺"的初衷和研究制作过程中的思路与心得。孟××还告诉学弟学妹们，党和国家的发展离不开一代代创新型人才，吾辈当志存高远、努力进取。他还简单介绍了大多数同学都很感兴趣的火箭发射问题。学长课程的效果是常规课堂教育难以实现的。

科创工作室学长课程是××小学"智慧队建"理念引领下"心有榜样，科创领航"行动的重要内容，××小学还将继续推出更多领域、更加精彩的课程系列。作为优秀少先队员代表，孟××将继续谱写他的科创成长故事，感召少先队员们爱党爱国、矢志不渝、全面发展，拼搏向前。

（四）入队梦想实现，立志向"红"

1. 教学内容参考。

小文：小雅，你通过一步一个脚印地踏实学习，已经越来越棒，越来越接近你的入队梦想了！

小雅：谢谢小文哥哥，谢谢你和我一起成长！

小文：要早日实现入队梦想，还有一件非常庄重的事，需要你用心去完成哦！

梦想行动14 观看全国少工委录制的视频"习爷爷和我们在一起"（参见"资源链接"视频3），学习习近平总书记对全国少年儿童的寄语精神，然后庄重地写下你的入队申请书。

入队申请书

尊敬的中国少年先锋队组织：

　　我是××小学_____年级_____班的_____，我向××小学少先队大队部郑重申请，我自愿加入_____。

　　我知道中国少年先锋队是由_____创立和领导的中国少年儿童的群众组织。如果我成为一名光荣的少先队员，我要听党的话，做党的好孩子，好好学习，天天向上，用实际行动为红领巾增光添彩，为共产主义事业，时刻准备着！

　　此致，
敬礼！

申请人：

年　　月　　日

小文：小雅妹妹，希望你早日加入中国少年先锋队，正式成为一名光荣的少先队员。

小雅：谢谢小文哥哥，我相信我的红领巾梦想一定会实现！

小文：我相信你！不过，成为少先队员只是实现红领巾梦想的第一步哦。

小雅：我知道！成为少先队员后，我还要像红领巾哥哥姐姐们一样，勤奋学习，积极向上，努力成为祖国建设的栋梁！

梦想行动15 入队前，你尝试做了一件怎样的好事？入队后，为实现自己的红领巾梦想，你计划怎么做？

2. 教师辅导要点。

在经历了前期系统的队前教育体验后，一群准少先队员们跃跃欲试，无限期待能早日佩戴上属于自己的那条红领巾。众所周知，求而未得是一种令人"心痒痒"的心理体验感，如果少先队辅导员和思政课教师能在此处着力，对队前教育的目的、意义进行回溯，引导少年儿童亲近党和国家、向往共产主义事业，同时引导红领巾小导师重温当年入队瞬间，唤醒他们曾经的激动和感慨，则能提升队前教育的设计层次，进一步激发少年儿童开展思政学习、实现自我成长的动力。为了增强少先队员的光荣感和归属感，简而言之，我们建议要通过队前教育和分批入队让准队员们感受到加入少先队是不容易的，加入少先队之后，他们还须朝着更高远的目标前进，成为先锋、成为模范、成为未来党和国家事业的接班人。

中国共产党是中国少年先锋队的创立者和领导者。思想引领、政治启蒙是少先队的主责主业。在本阶段的学习指导过程中，尤其是在准少先队员庄重填写入队申请书时，辅导员必须重点强调党团队一脉相承的关系，这既是少先队队前教育的出发点，也是归宿点。思政课教师要坚定为党和国家培养人才的信念和意识，思政课教师对少先队本质属性的理解、对少先队员未来发展的引领，都会对他们"三观"的形成带来重要影响。只有对中国共产党执政规律、社会主义建设规律、人类社会发展规律有一定的理解，才能引导少年儿童实现从学习红色知识到感知和向往红色理想的飞跃。

二、入队仪式，梦想洗礼

仪式教育是中小学德育的重要内容，也是对思政课的拓展，因为仪式活动的形式多样、氛围庄重，常在学生心中占据重要地位。从教育心理学角度分析，学校的仪式教育具有两种基本的功能。第一，营造特殊的教育氛围，激发学生积极向上的精神状态。第二，表达内隐的教育内容和观念，借助美的教育形式，使内隐的教育外显化，并产生持久的影响力。对完成重重考验，好不容易才能圆红领巾梦想的准少先队员们而言，一场（或多场）庄重、规范、精彩的入队仪式，是对他们最好的赠礼（参见案例3）。欲感其心，先动其情。感官刺激带来的心理冲击，有助于强化少年儿童所经历的学习体验，切实提升思政教育的效果。

案例3

妈妈教我一支歌
——记某校新生入队仪式

"妈妈教我一支歌，没有共产党就没有新中国……"这动人的旋律一直回响在神州大地，指引和鼓舞着一代又一代新中国儿女坚定信念、奋勇向前。通过"以队带童"队前教育课程活动做好充分准备，今天，一年级的孩子们终于迎来了入队梦想实现的一刻。他们目光如炬、歌声嘹亮，在庄严的队仪中接受着红色思想的洗礼。

红色的旋律一直被铭记，红色的光荣代代传承。孩子们的爸爸妈妈悉数到场,把动人的红歌唱给孩子们听,传递着老一辈少先队员对党和祖国的热爱与深情,传递着对新少先队员们的期望和鼓励。他们的红歌感召着孩子们童心向党,激发出孩子们的满腔热情。孩子们也用整齐的队列和动作、用铿锵有力的歌声表达着炽热的红领巾梦想。

随着新少先队员名单的宣读,全场响起了热烈、持久的掌声。孩子们骄傲地步入红领巾梦想之门,走过红毯,领取了经少先队大队部审核盖章的"红领巾梦想护照",正式加入中国少先队。队旗下,少先队辅导员带领着全体新队员庄严宣誓,"准备着,为共产主义事业贡献力量"的誓言响彻校园。

红领巾映红了孩子们的脸庞,星星火炬引领着少先队员成长。在这特别的日子里,新老少先队员同唱中国少先队队歌,把坚定的红色信念铭刻于心。

考核评价

1. 结合"红领巾梦想护照"完成相应的队前教育主题学习。

2. 了解中国共产党、中国少先队的基本知识,能用自己的话表达中国共产党、中国少先队和自我成长的关系。

3. 面向"五旗一徽",庄重地宣读自己的入队申请书。

资源链接

视频

1. 全国少工委"入队第一课",http://zgsxd.k618.cn/spzp/201806/

t20180601_16094077.html.

2．全国少工委"致敬红领巾"，http：//zgsxd.k618.cn/spzp/201910/t20191015_17909392.html.

3．全国少工委"习爷爷和我们在一起"，http：//zgsxd.k618.cn/spzp/202007/t20200724_18051217.html.

初中段：中国共产党好

教学目标

1. 立足中国国情和发展实际，展示和分析在中国共产党领导下我国取得的一系列成绩，明确没有共产党就没有新中国、没有中国社会主义现代化的历史必然，增强学生对坚持党的领导的政治认同。

2. 通过对中国共产党领导人民实现从站起来、富起来到强起来的伟大飞跃的阐释，让学生理解坚持中国共产党的领导在国家富强、民族复兴中的作用，增强其对中国共产党的热爱之情，从思想上、行动上强化学生成为中国共产党领导下的中国特色社会主义事业的接班人的愿望。

教学内容

1. 第一板块：通过"红色之魂 伟大的党""缅怀英烈 争做英雄""美好生活 不懈奋斗"三个环节的活动，明确中国共产党的性质、宗旨、最高理想和最终奋斗目标。

2. 第二板块：通过"站起来——铭记没有共产党就没有新中国""富起来——忆春天的故事 改革开放谱新篇""强起来——不忘初心牢记使命

必走向复兴"三个环节的活动，用历史事实、真实数据和现实案例，展示中国共产党的先进性和与时俱进的执政能力。

教学重难点

1. 教学重点。

让学生理解中国共产党的先进性以及中国共产党能够始终走在时代前列、永葆生机与活力的法宝。

2. 教学难点。

探究坚持中国共产党领导的历史价值和现实意义，特别是设计符合初中生认知特点的教学活动，通过搜集、整理有关数据和信息，引导学生归纳新时代坚持和加强党的全面领导的必要性和重要性。

学情分析

初中阶段是学生世界观、人生观和价值观塑造的雏形期，学生心理发展呈现出从依赖性到独立性过渡、从冲动性向自觉性过渡、从幼稚性向成熟性过渡的特征，认知问题、分析问题的能力不断提高，但对问题的认知和分析主观性较强，带有强烈的感性色彩。同时，在多元文化和全球复杂形势的影响下，初中生思想观念具有多元化和开放性等特征，他们的可塑性强，但明辨是非的能力还有待提升。在经历了小学阶段的学习之后，初中生对党的基本知识，如党旗、党徽等有了一定的了解，同时对中国共产党领导中国人民取得革命、建设、改革成就的实际也有了基本的掌握。

设计思路

1. 设计理念。

本教学设计立足初中生的认知特点和知识储备实际，采用案例分析教学法和活动教学的形式，通过讲故事、听歌曲、唱歌曲、看图片、看纪实性视频、讨论、特色小组的分享、时事播报等丰富多彩的活动形式展开教学。课前，布置相应的任务，让学生进行资料搜集或实践调研；课堂中，选择学生搜集的典型案例，通过设置教学情景和探究活动进行分析，引导学生在体验、感知的基础上进行深入的理性思考或合作探究，从而由浅入深、由现象到本质地认识中国共产党，生成关于"中国共产党好"的认识，形成对中国共产党的良好情感。

同时，本教学设计还创新性地命名成立了"接班人小分队""英雄小分队""扶贫小分队""脱贫小分队""站起来小分队""富起来小分队""强起来小分队"七个富有特色和满满正能量、形象、生动的小分队，依据不同环节分小组开展活动，更好地调动起学生学习和参与活动的积极性，增强学生的自豪感和政治认同。

2. 思维导图（见图1-3）。

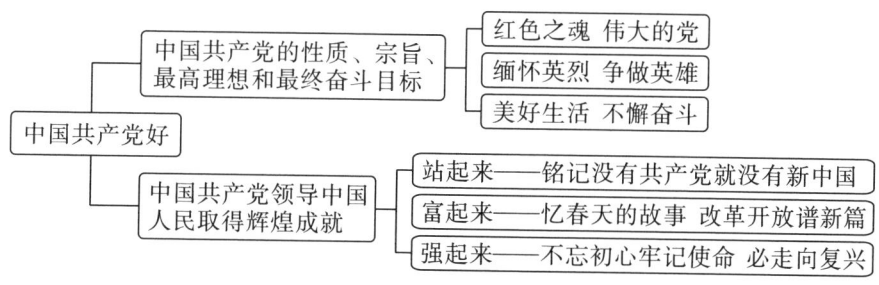

图1-3 专题一初中段思维导图

实施方案

一、新课导入

在小学阶段，少先队是同学们的先进学校，同学们加入少先队，成为光荣的少先队员，佩戴红领巾，时刻准备着为共产主义事业奋斗，是共产主义事业的接班人。到了初中，学生们由儿童成长为青少年，青少年学生的先进学校又是什么呢？青少年学生的先进学校是中国共产主义青年团。中国共产主义青年团是中国共产党领导的先进青年的群团组织，是广大青年在实践中学习中国特色社会主义和共产主义的学校，是党的助手和后备军。初中阶段的学生要积极入团，努力成为团员。到了大学乃至未来要积极入党，努力成为光荣的中国共产党员。由此我们要学习"中国共产党好"这部分内容。

二、中国共产党的性质、宗旨、最高理想和最终奋斗目标

（一）环节一：红色之魂 伟大的党

教学导入 在浩瀚的历史长河中，中华民族五千年文明书写着对幸福美好永不停息的追求。

中国的近代史，是屈辱的，是抗争的，也是不屈的。在百年探索中，1921年7月，中国共产党第一次全国代表大会在浙江嘉兴南湖的一艘画舫上完成了最后的议程，宣告具有科学理论支撑、能带领中国走向独立富强的中国共产党成立了。这是中国历史上开天辟地的大事，开启了党团结率领人民对富强民主文明和谐美丽中国的探寻。

学生活动 "接班人小分队"队员介绍中华人民共和国国旗、中国共产党党旗和党徽、中国共产主义青年团团旗的含义。

教师小结　"中国共产党是中国工人阶级的先锋队,同时是中国人民和中华民族的先锋队。"①这句话指明了中国共产党的阶级性和先进性,这种界定从"质的规定性"上把中国共产党同其他任何政党区别开来。中国共产党在代表中国工人阶级利益的同时,始终把代表中国人民和中华民族的利益作为自己的重要责任。在21世纪的新阶段,中国共产党代表中国先进生产力的发展要求,代表中国先进文化的前进方向,代表中国最广大人民的根本利益,带领中国各族人民全面建成小康社会,建设富强民主文明和谐美丽的社会主义现代化强国。这充分体现了中国共产党是中国特色社会主义事业的领导核心。

(二)环节二:缅怀英雄 争做英雄

教学导入　习近平总书记说过:"一个有希望的民族不能没有英雄,一个有前途的国家不能没有先锋。"②英雄并不遥远,英雄就在我们身边;英雄并不遥远,让我们走近他们,聆听他们的故事。

学生活动　"英雄小分队"队员展示视频"红色电波中的巾帼玫瑰——记党的革命战士张露萍"(参见"资源链接"视频1),学生看完视频后分组讨论问题:我们应该向英雄学什么?讨论完成后请一名代表发言。

教师小结　在百年的非凡奋斗历程中,在中国共产党领导下,一代又一代中国人顽强拼搏,涌现出一大批视死如归的革命烈士、一大批顽强奋斗的英雄人物、一大批忘我奉献的先进模范,充分发挥了中国共产党员的先锋模范作用,让我们的党旗高高飘扬,为我们立党、兴党、强党提供了丰富的滋养。他们的优秀事迹生动地昭示了"中国共产党是中国工人阶

---

① 习近平.在党史学习教育动员大会上的讲话[M].北京:人民出版社,2021:16.
② 习近平.习近平在纪念中国人民抗日战争暨世界反法西斯战争胜利70周年系列活动上的讲话[M].北京:人民出版社,2015:19.

级的先锋队,同时是中国人民和中华民族的先锋队,是中国特色社会主义事业的领导核心"。

2019年9月29日,习近平总书记在国家勋章和国家荣誉称号颁授仪式上指出:"全党全国各族人民要像英雄模范那样坚守、像英雄模范那样奋斗,共同谱写新时代人民共和国的壮丽凯歌!"英雄是国家和民族的脊梁,英雄精神是民族之魂。崇尚英雄、争做英雄是新时代的呼唤。

岁月静好,是因为很多人为我们负重前行。中华人民共和国成立70多年来,山河无恙,我们初中学生必须牢记历史,铭记革命先烈的光荣事迹,缅怀英烈,致敬英雄,向英雄学习,让我们为成为共产主义事业的接班人时刻准备着,为中华民族伟大复兴而努力学习!

(三)环节三:美好生活 不懈奋斗

教学导入　作为在14亿人口大国长期执政的政党,中国共产党始终把人民的利益放在第一位。人民对美好生活的向往就是党的奋斗目标,中国共产党始终带领人民为创造美好生活、实现共同富裕而奋斗。

贫困不仅是一个经济问题,也是复杂的社会问题。中华人民共和国成立70多年来,中国共产党不断带领人民脱贫致富,取得了巨大成就。党的十八大以来,中国共产党领导各级党组织和政府实施精准扶贫、精准脱贫,打赢了脱贫攻坚战。

学生活动　"扶贫小分队"队员展示视频"'悬崖村'贫困群众走下'天梯'搬新居"(参见"资源链接"视频2),并介绍"悬崖村"的历史和巨变。

学生看完视频后分组讨论:"悬崖村"的巨变是怎么实现的?讨论结束后请一名代表发言。

教师小结　四川凉山"悬崖村"的巨变,得益于中国共产党的扶贫攻坚政策和当地政府、党员干部群众的辛苦努力。"悬崖村"乃至全国各地贫困地区的巨变，是中国共产党领导的脱贫攻坚的真实样本，生动诠释了中国共产党是中国工人阶级的先锋队，同时是中国人民和中华民族的先锋队，是中国特色社会主义事业的领导核心，也生动形象地体现了中国共产党全心全意为人民服务的宗旨。但脱贫摘帽不是终点，而是新生活、新奋斗的起点。中国共产党的最高理想和最终目标是实现共产主义。我们要在中国共产党的领导下，胸怀理想、坚定信念、顽强奋斗、艰苦奋斗、不懈奋斗，在新中国成立一百年时建成富强、民主、文明、和谐的社会主义现代化强国。我们要志存高远，脚踏实地，发扬"愚公移山"的精神，总有一天，共产主义理想将会实现。

过渡 鲁迅先生说道："我们从古以来，就有埋头苦干的人，有拼命硬干的人，有为民请命的人，有舍身求法的人……虽是等于为帝王将相作家谱的所谓'正史'，也往往掩不住他们的光耀，这就是中国的脊梁。"[①]中国共产党就是中国的脊梁！

中国共产党是中国的执政党，中国共产党的好，还在于中国共产党领导中国人民取得了辉煌成就，实现了从站起来、富起来到强起来的历史性飞跃！

三、中国共产党领导中国人民取得辉煌成就

（一）环节一：站起来——铭记没有共产党就没有新中国

教学导入 1949年10月1日，毛泽东同志在北京天安门城楼上向世界庄严宣告了中华人民共和国的成立，"占人类总数四分之一的中国人从此站立起来了"[②]，中华民族从此进入了发展进步的历史新纪元。

---

① 鲁迅.朝花夕拾［M］.南京：江苏凤凰文艺出版社，2018：228.
② 习近平.在中央政协工作会议暨庆祝中国人民政治协商会议成立70周年大会上的讲话［M］.北京：人民出版社，2019：1.

学生活动 "站起来小分队"队员分享一段开国大典的纪录片（参见"资源链接"视频3），并设计问题由学生集体讨论：为什么说没有共产党就没有新中国？

学生进行5分钟的分组讨论，讨论结束后请一名代表发言。学生发言完毕，由教师总结，教师总结完成之后全班同学合唱歌曲《没有共产党就没有新中国》。

教师小结 中国共产党勇担时代重任，带领中国人民经过28年艰苦卓绝的斗争完成了新民主主义革命，终于夺取了中国革命的伟大胜利。从1949年到1978年，中国共产党带领中国人民迎难而上、艰苦奋斗，完成了社会主义革命，确立了社会主义基本制度，推进了社会主义建设，完成了中华民族有史以来最为广泛而深刻的社会变革，为中国发展富强、中国人民生活富裕奠定了坚实基础，扭转了中华民族曾经衰落的命运，领导中国人民从站起来走向富起来。中国近现代历史充分证明了没有共产党就没有新中国！

（二）环节二：富起来——忆春天的故事 改革开放谱新篇

教学导入 教师播放歌曲《春天的故事》，并进行解读与说明。

解读 歌曲《春天的故事》描述了改革开放和现代化建设的总设计师邓小平同志视察深圳、珠海等地的故事。歌词中的"老人"指的是邓小平同志，歌词中第一个"春天"是指1979年春天，邓小平同志在深圳勾画出了一幅改革开放的蓝图；歌词中第二个"春天"是指邓小平同志于1992年发表的具有重大意义的"南方谈话"，开拓了改革开放的新局面，建立了社会主义市场经济体制。歌词中的"圈"是指设立经济特区。"城市"是指深圳、汕头、珠海、厦门。歌词中的"老人在南海写下诗篇"是指把南海也划为经济特区，意义是加快了中国经济的发展，是一个伟大的尝试。

1978年12月，党的十一届三中全会的召开，揭开了我国改革开放的序幕，实现了新中国成立以来党和国家历史上具有深远意义的伟大转折，开辟了中国发展的新道路，使我国进入了以改革开放和社会主义现代化建设为主要任务的历史新时期。

学生活动　"富起来小分队"队员展示材料"改革开放惠及每一个中国人"及其相关图片，并设计问题，由学生集体讨论：我国改革开放有什么具体意义？

学生进行5分钟的分组讨论，讨论结束后请一名代表发言。

教师小结　从1978年以来，中国共产党团结带领中国人民进行了改革开放新的伟大革命，破除了阻碍国家和民族发展的一切思想和体制障碍，不断推动社会主义现代化建设，促进了全国各民族的大团结，极大地激发了广大人民群众的创造性，极大地解放和发展了社会生产力，极大地增强了社会发展活力和我国的综合国力，人民生活得到了显著改善。在中国共产党提出"一国两制"的伟大创举下，1997年7月1日香港回归祖国，1999年12月20日澳门回归祖国并继续保持繁荣稳定。

中国共产党的领导，使中国人民实现了从站起来到富起来再到强起来的伟大飞跃，再一次说明了中国共产党好！

（三）环节三：强起来——不忘初心牢记使命　必走向复兴

教学导入　教师播放歌曲《走向复兴》，并进行解读与说明。

解读　实现中华民族伟大复兴是近代以来中华民族最伟大的梦想。2012年，中国共产党在第十八次全国代表大会上提出了"两个一百年"的奋斗目标，在中国共产党成立一百年时全面建成小康社会，在新中国成立一百年时，建成富强民主文明和谐美丽的社会主义现代化强国。2017年10月，党的十九大指出，经过长期努力，中国特色社会主义进入了新时代。

"夫天地之大，黎元为本。"①民生是人民幸福之基、社会和谐之本。发展是解决中国一切问题的关键，发展的根本目的是增进民生福祉。中国共产党和政府始终坚持以人民为中心的发展思想，让人民群众共享发展成果，引领全体人民迈入全面小康社会，朝着共同富裕的方向稳步迈进。

学生活动1 "脱贫小分队"队员分享脱贫攻坚成果，展示视频"全国832个国家级贫困县全部脱贫摘帽"（参见"资源链接"视频4）。学生集体讨论：我国脱贫攻坚取得全面胜利的意义。

学生进行5分钟的分组讨论，讨论结束后请一名代表发言。

教师小结 习近平总书记在2021年2月25日全国脱贫攻坚总结表彰大会上发表重要讲话。他庄严宣告："经过全党全国各族人民共同努力……我国脱贫攻坚战取得了全面胜利，现行标准下9899万农村贫困人口全部脱贫，832个贫困县全部摘帽，12.8万个贫困村全部出列，区域性整体贫困得到解决，完成了消除绝对贫困的艰巨任务，创造了又一个彪炳史册的人间奇迹！"②

贫困是人类社会的顽疾，反贫困始终是古今中外治国安邦的一件大事。占世界近五分之一人口的大国，能够彻底摆脱绝对贫困，是人类减贫史前所未见的。我国的减贫脱贫方略，为全球减贫提供了中国方案和经验，尤其是可以为其他发展中国家提供有益借鉴。

追求美好生活，是永远的进行时。脱贫攻坚的全面胜利，是中国人民的伟大光荣，是中国共产党的伟大光荣，是中华民族的伟大光荣！

过渡 创新是引领发展的第一动力，创新是一个民族进步的灵魂，是一个国家兴旺发达的不竭源泉，也是中华民族最鲜明的民族禀赋。中国共产党和政府高度重视科技和创新的作用，确立了科教兴国战略、人才强国战略、创新驱动发展战略，将科技和教育摆在经济社会发展的重要位置。我国在尖端技术的掌握和创新方面打下了坚实基础，在一些重要领域

---

① 钱定平.蛮尤猜想：中华文明创世纪［M］.上海：上海古籍出版社，2011：24.
② 习近平.在全国脱贫攻坚总结表彰大会上的讲话［M］.北京：人民出版社，2021：1.

中走在了世界前列。

学生活动2 "强起来小分队"队员分享、展示视频"嫦娥五号探测器成功在月球正面预选着落区着陆"（参见"资源链接"视频资源5），并设计问题，由学生集体讨论：嫦娥五号发射及返回有什么具体的意义？作为青年人，我们在国家科技发展中有什么责任？

学生进行5分钟的分组讨论，讨论结束后请一名代表发言。

教师小结 厉害了，我们的国，为祖国的发展和强大而"点赞"！

在激烈的国际竞争中，唯创新者进，唯创新者强，唯创新者胜。创新已经成为世界主要国家发展战略的重心。大国重器一定要掌握在我们的手中，核心技术不是别人赐予的，我们不能只跟着别人走，必须自强奋斗、敢于突破。

在中国共产党的领导下，中国人民顽强拼搏，中国目前已经成为世界第二大经济体、制造业第一大国、货物贸易第一大国、商品消费第二大国、外资流入第二大国，外汇储备连续多年位居世界第一，科技、教育、文化、体育、国防等各项事业蓬勃发展。在中国共产党的领导下，中国人民创造了人类发展史上的伟大奇迹，充分彰显了中国力量。中国拓展了发展中国家走向现代化的途径，给世界上那些既希望加快发展又希望保持自身独立性的国家和民族提供了全新选择，为解决人类问题贡献了中国智慧、中国担当和中国方案，中国成为影响世界的重要力量。

从2012年到现在，以习近平同志为核心的党中央为实现中华民族伟大复兴的百年梦想，团结带领中国人民走上了建设富强民主文明和谐美丽的社会主义现代化强国之路，迎来了实现中华民族伟大复兴的光明前景。在伟大的中国共产党的领导下，中国人民迎来了从站起来、富起来到强起来的伟大飞跃！中国特色社会主义迎来了从创立、发展到完善的伟大飞跃！中国人民迎来了从温饱不足到小康富裕的伟大飞跃！"三个伟大飞跃"再次说明了中国共产党好。

我国"十三五"圆满收官，"十四五"全面擘画，站在"两个一百年"的历史交汇点,全面建设社会主义现代化强国新征程即将开启,中国共产党坚持以人民为中心、牢记使命,乘风破浪、扬帆起航。我们初中学生一定要牢记使命,一定要加强党史学习,刻苦努力学习,在德智体美劳各方面全面发展,争做共产主义接班人,肩负起使国家强大、民族振兴、人民幸福的重要使命。相信在英明、伟大的中国共产党的领导下,我们一定能建成富强民主文明和谐美丽的社会主义现代化强国,一定能实现中华民族的伟大复兴!

考核评价

1. 知识考核。

重点考核学生对党的性质、宗旨、最高理想和最终奋斗目标等基本知识点的理解和掌握情况。

2. 能力考核。

通过"牢记历史,重走长征路"、故事会、演讲、主题板报、手抄报、主题班会、团会、参观革命历史博物馆等活动,考查学生运用所学理论知识的能力。

资源链接

一、知识

1. 中国共产党的党徽党旗是中国共产党的象征和标志。中国共产党党徽为镰刀和锤头组成的图案。中国共产党党旗为旗面缀有金黄色党徽图案的红旗。党徽党旗表明中国共产党是中国工人阶级的先锋队,同时是中国人民和中华民族的先锋队，是为中国人民谋幸福、为中华民族谋复兴，为坚持和发展中国特色社会主义、为实现共产主义远大理想而不懈奋斗的马克思主义政党。①

2. 中华人民共和国的国旗是五星红旗，中华人民共和国国旗是中华人民共和国的象征和标志。旗面为红色，长方形，其长与高为三与二之比，旗面左上方缀黄色五角星五颗。一星较大，其外接圆直径为旗高十分之三，居左；四星较小，其外接圆直径为旗高十分之一，环拱于大星之右。②

3. 中国共产主义青年团团旗是中国共产主义青年团性质和任务的象征。中国共产主义青年团团旗旗面为红色，象征革命胜利；左上角缀黄色五角星，周围环绕黄色圆圈，象征中国青年一代紧密团结在中国共产党周围。③

二、视频

1. 红色电波中的巾帼玫瑰——记党的革命战士张露萍，http：//1400174353.vod2.myqcloud.com/d1db0086vodtranscq1400174353/520bba1a5285890808156782784/v.f30.mp4.

2. "悬崖村"贫困群众走下"天梯"搬新居，https：//article.xuexi.cn/articles/index.html？art_id=18296027668887942994 &item_id=18296027668887942994&study_style_id=feeds_default&t=1600430006677&showmenu=false&ref_read_id=13c6d54b-1284-41f2-9288-53f455adc09d_1623849239427&pid=&ptype=-1&source=share&share_to=wx_single摘自新华社2020-05-14.

3. 《朱德》：开国大典现场，朱总司令和毛主席一同检阅了新中

---

① 中国共产党党徽党旗条例［EB/OL］.https：//www.12371.cn/2021/06/28/ARTI162487641991 6240.shtml.
② 中华人民共和国国旗［EB/OL］.http：//www.gov.cn/guoqing/guoqi/index.htm.
③ 中国共产主义青年团章程［EB/OL］.［2013-06-20］.http：//www.gqt.org.cn/ccylmaterial/regulation/200612/t20061224_12139.htm.

国的军队，https：//article.xuexi.cn/articles/index.html？art_id=8419780492055376009&item_id=8419780492055376009&study_style_id=video_default&t=1618901752426&showmenu=false&ref_read_id=8e431a2c-4c55-40e4-a06e-283a2a8ba1e6_1623848974185&pid=&ptype=-1&source=share&share_to=wx_single摘自"学习强国"学习平台2021-04-20.

4. 全国832个国家级贫困县全部脱贫摘帽，https：//article.xuexi.cn/articles/index.html？art_id=2018696326525004804&item_id=2018696326525004804&reedit_timestamp=1606302296000&to_audit_timestamp=2020-11-25%2019%3A04%3A56&study_style_id=video_default&t=1606441760219&showmenu=false&ref_read_id=ef741071-d9a4-47a0-a553-1035e5aa693f_1623848803917&pid=&ptype=-1&source=share&share_to=wx_single摘自中央广播电视总台2020-11-23.

5. 嫦娥五号探测器成功在月球正面预选着落区着陆，https：//article.xuexi.cn/articles/index.html？art_id=16352814907026297905&item_id=16352814907026297905&reedit_timestamp=1606842043000&to_audit_timest amp=2020-12-02%2001%3A00%3A43&study_style_id=video_default&t=1606842423007&showmenu=false&ref_read_id=22ec65bf-7ebd-4b98-b241-96db3be78431_1623848468881&pid=&ptype=-1&source=share&share_to=wx_single摘自中央广播电视总台2020-12-02.

参考文献

1. 胡锦涛.坚定不移沿着中国特色社会主义道路前进 为全面建成小康社会而奋斗［M］.北京：人民出版社，2012.

2. 习近平.决胜全面建成小康社会 夺取新时代中国特色社会主义伟大胜利［M］.北京：人民出版社，2017.

3. 中国共产党章程［M］.北京：法律出版社，2020.

4. 共青团中央.中国共产主义青年团章程［M］.北京：中国青年出版社，2018.

5. 习近平.习近平谈治国理政 第3卷［M］.北京：外文出版社，2020.

6. 中华人民共和国国民经济和社会发展第十四个五年规划和2035年远景目标纲要［M］.北京：人民出版社，2021.

7. 张士义.站起来、富起来、强起来［M］.成都：天地出版社，2019.

高中段：解码中国共产党

教学目标

1. 让学生在认识和理解"中国共产党好"的基础上，明确"没有共产党就没有新中国"，中国共产党领导和执政地位的确立是历史和人民的选择。通过学习党的基础知识，加深学生对中国共产党先进性的了解。

2. 比较、鉴别和评析各种政治力量解决中国问题的方案，通过列举事实，向学生阐释中国共产党始终坚持以人民为中心，始终坚持立党为公、执政为民的执政理念，始终坚持真理引导、自我革新的勇气和胸怀，始终坚持群众路线。通过对身边事例的发现和梳理，让学生理解新时代必须坚持和加强党的领导。

3. 通过体悟中国共产党是中国革命、建设和改革事业不断取得胜利的根本政治保证，升华学生对党的认识，引领学生坚定走中国特色社会主义道路的信念，做有时代担当的青年，自觉投身于新时代建设。

教学内容

1. 第一板块"为什么选择中国共产党"通过三个环节分别探究近代中国的基本国情和社会主要矛盾、各种政治力量的救国方案及其结局、没有共产党就没有新中国的历史真理。

2. 第二板块"为什么中国共产党能"共有三个环节，第一环节介绍党坚持正确的指导思想；第二环节让学生认识党的反腐倡廉能力，明确中国共产党始终坚持自我革新、永葆生机和活力；第三环节让学生通过学习党"治国有常，利民为本"的以人民为中心的发展思想，了解中国共产党的地位、性质、宗旨、执政理念以及群众路线。

3. 第三板块"为什么要坚定不移坚持党的领导"分为三个环节，从党是最高政治领导、中国共产党的领导是中国特色社会主义最本质的特征入手，让学生认识中国特色社会主义制度的最大优势，明确进入中国特色社会主义新时代必须坚持和加强党的领导，必须坚持科学执政、民主执政、依法执政，让学生确立永远跟党走的信念。

教学重难点

1. 教学重点。

没有共产党就没有新中国；党的执政能力；新时代全面加强党的领导。

2. 教学难点。

基本国情、主要矛盾和历史任务之间的关系；了解党的先进性；理解永远跟党走的意义。

学情分析

高中学生已经掌握了关于中国共产党的基础知识，在此阶段则需进一步加强其对党的领导的理解，在鼓励学生自主探究的同时，增强其对党的领导的认同感。同时，这一年龄段的学生正处于世界观、人生观、价值观形成的过程之中，他们对党的成立与发展及党的先进性也存在认识不成熟、不全面、不准确的问题。因此，如何以学生认同的方式使主流价值观对他们产生潜移默化的影响就显得尤为重要。

设计思路

1. 设计理念。

高中思想政治教学重点在于对学生的引导和启发，使学生形成较为缜密的政治思维，在分析事物的形成与发展时，能够有自己初步的观点。本专题教学中教师以情景体验法、任务驱动法为基本的教学方法，结合历史与生活实际、时事政治开展教学。明确学生在教学中的主体地位和教师在教学中的主导作用。通过讨论启发、活动参与等方式，充分调动学生的学习兴趣，让学生主动、积极地学习，营造良好、和谐的课堂教学氛围，激发学生思维创新的动力。教师应当增强教学内容的说服力，避免空洞说教，使学生在增强对党的领导的认同感基础之上，进一步增强学生作为中国人的自豪感、自信心。

2. 思维导图（见图1-4）。

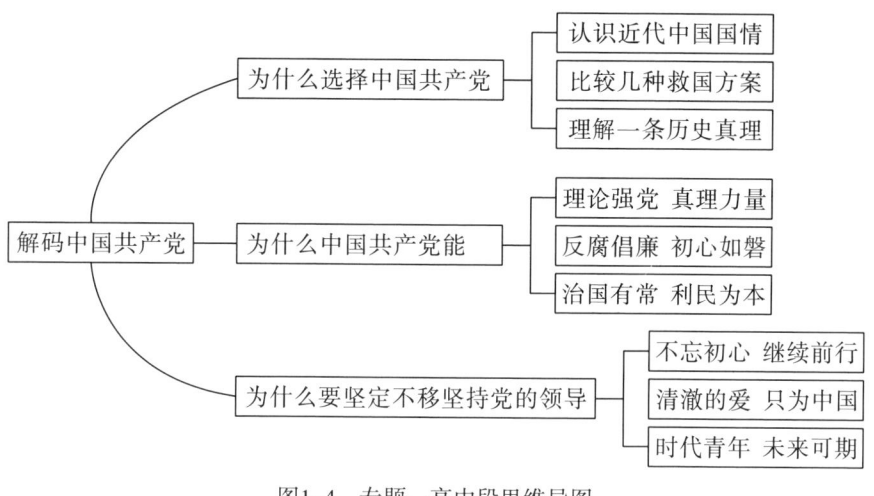

图1-4　专题一高中段思维导图

实施方案

一、为什么选择中国共产党

导入活动　学生一起观看视频"新中国成立"（参见"资源链接"视频1）。

教师阐述：1919年到1949年是中国的新民主主义革命时期。从五四运动到新中国成立，中国人民的革命经历了一段波澜壮阔的风云岁月。2021年恰逢中国共产党成立100周年，如果请你参与这段建党百年历史的纪录片拍摄工作，你会提到哪些政治事件？重点描述哪些历史瞬间？为什么？

活动方式设计：学生自由发言，教师在学生发言的基础上将课堂内容引导到新中国成立前的各种政治力量上。

(一) 环节一：认识近代中国国情

教师展示材料1　曾长期走在世界前列的中国在19世纪三四十年代陷入了危机四伏的境地。1840年以后，西方列强一步一步控制了中国的政治、经济、外交和军事。

教师展示材料2　毛泽东同志曾在《中国革命和中国共产党》一文中指出："中国现时的社会，是一个殖民地、半殖民地、半封建性质的社会。只有认清中国社会的性质，才能认清中国革命的对象、中国革命的任务、中国革命的动力、中国革命的性质、中国革命的前途和转变。所以，认清中国社会的性质，就是说，认清中国的国情，乃是认清一切革命问题的基本的根据。"[①]

教师提问：近代中国的基本国情和社会性质是什么？形成这一现状的原因是什么？其主要矛盾是什么？近代中国的两大历史任务是什么？这两大任务与中国近代的基本国情、主要矛盾之间的关系是什么？

学生讨论：学生分组合作探究问题，组织答案，自由发言，其他同学随时补充。

教师小结：点评学生发言，引导学生补充，归纳知识点。

知识点

①近代中国的基本国情是：帝国主义的入侵，打断了中国从封建社会向资本主义社会发展的正常进程，中国逐步沦为半殖民地半封建社会。原因：从内部来讲，清政府政治腐败、军备废弛、财政拮据；从外部看，帝国主义入侵的扩大。

②近代中国的主要矛盾：中华民族与帝国主义的矛盾、人民大众与封建主义的矛盾。前者是民族矛盾，后者是阶级矛盾。

③近代中国的两大历史任务：推翻帝国主义和封建主义的统治，实

---

① 毛泽东.毛泽东选集 第二卷［M］.北京：人民出版社，1991：633.

现民族独立和人民解放；彻底改变贫穷落后的面貌，实现国家富强和人民富裕。

基本国情是认识和解决社会问题的最基本依据。所以，近代中国的基本国情决定了近代中国的社会主要矛盾，也决定了近代中国的两大历史任务。主要矛盾不同，社会主要任务、工作重点也不同。所以，近代中国社会的主要矛盾也决定了近代中国的两大历史任务。

（二）环节二：比较几种救国方案

教师展示材料 毛泽东同志曾说过："自从一八四〇年鸦片战争失败那时起，先进的中国人，经过千辛万苦，向西方国家寻找真理。洪秀全、康有为、严复和孙中山，代表了在中国共产党出世以前向西方寻找真理的一派人物。"[①]

学生活动1：学生分组展示鸦片战争后中国的主要政治力量（农民阶级、工人阶级、地主阶级、买办资产阶级、民族资产阶级等）各自的救国方案。

学生活动2："一艘木船"小剧场（通过情境再现了解中国共产党的救国方案：主张建立工人阶级领导的、以工农联盟为基础的人民共和国，经过新民主主义走向社会主义）。

学生讨论：学生对比不同的救国方案，讨论为什么共产党的救国方案能够成功。

教师呈现知识点"为什么历史和人民要选择中国共产党"。

教师阐述其他方案失败原因：继续走半殖民地半封建的道路不符合历史发展的潮流和规律；资产阶级具有两面性和不彻底性，不能完成民主革命的任务；没有认清革命的目的和对象，不能团结真正的朋友以打击共同

---

① 毛泽东.毛泽东选集 第四卷［M］.北京：人民出版社，1991：1469.

的敌人；没有广泛发动人民群众特别是工农群众，未能形成有组织的、持久的群众运动；资本主义国家不允许中国走向资本主义道路。

教师阐述中国共产党救国方案成功原因：阶级基础——工人阶级壮大、工人运动发展，中国共产党代表着中国工人阶级的利益，代表着中国广大人民和整个中华民族的利益，是同帝国主义、封建主义根本对立的；思想基础——马克思主义的传播，中国共产党掌握着"马克思主义"这个锐利的思想武器，为中国人民解决中国社会问题指出了一条基本线索；群众基础——走群众路线，敢于相信、发动和依靠群众，获得群众拥护；目标清晰——代表先进生产力发展方向，站在斗争最前线，鲜明地把社会主义和共产主义定为自己的奋斗目标；组织基础——中国共产党的成立；外部条件——共产国际的帮助。

（三）环节三：理解一条历史真理

教师展示材料 从北京城区往西一百多千米，顺着一条奔流的小溪，可以到达一个群山环抱的小山村——堂上村。1943年，歌曲《没有共产党就没有新中国》就诞生在这里，并从这里传遍大江南北，经久不衰。歌曲原名为《没有共产党就没有中国》，后来，毛泽东做了修改，在"中国"前面添加了"新"字。如今，在这首歌的诞生地，人们建起了纪念馆。许多学校在这里为学生举办18岁成人礼。

学生活动：由文艺委员带领学生齐唱《没有共产党就没有新中国》并展示材料。

学生合作探讨问题：

1. 毛泽东同志为什么在"中国"前面添加了"新"字？谈一谈对"没有共产党就没有新中国"的理解？

2. 思考中国共产党成立对新民主主义革命的重要意义？

知识点

① "新"之理解——共产党领导的革命属于新民主主义革命，是因为建立了新中国，开辟了中国历史新时代，新中国实现了中国从几千年封建专制制度向人民民主的伟大飞跃，具有划时代的历史意义，人民翻身成了主人。

② 中国共产党的诞生具有重要的意义：这是开天辟地的大事，深刻改变了近代以来中华民族发展的方向和进程，深刻改变了中国人民和中华民族的前途和命运。

教师小结

1.中国共产党在近代史上的伟大历史贡献：团结带领中国人民经过28年浴血奋战，推翻了压在中国人民头上的帝国主义、封建主义、官僚资本主义三座大山，取得了新民主主义革命的伟大胜利，建立了中华人民共和国。

2.这一伟大历史贡献的意义在于：彻底结束了旧中国半殖民地半封建社会的历史，彻底结束了旧中国一盘散沙的局面，彻底废除了列强强加给中国的不平等条约和帝国主义在中国的一切特权，实现了中国从几千年封建专制向人民民主的伟大飞跃。从此，中国人民掌握了国家的权力，成为国家和自己命运的主人。所以说，没有共产党就没有新中国。

本课总结 党的领导是历史和人民的选择，党领导人民实现了从站起来、富起来再到强起来的伟大飞跃。实践证明，没有中国共产党就没有新中国，只有中国共产党才能发展中国。

二、为什么中国共产党能

课前准备 学生查找中国共产党反腐败小故事和脱贫攻坚取得的成绩以及小故事。

（一）环节一：理论强党 真理力量

1. 步骤一：教师引入《习近平在纪念马克思诞辰200周年大会上的讲话》（参见"资源链接"文章1），引导学生思考马克思为什么被评为"千年第一思想家"。

教师阐述：在人类思想史上，就其科学性、真理性、影响力和传播面而言，没有一种思想理论能达到马克思主义的高度，也没有一种学说能像马克思主义那样对世界产生了如此巨大的影响，至今马克思主义依然是具有重大国际影响力的思想体系和话语体系。马克思是中国人最熟悉、最亲切的"陌生人"，其学说著作传入东方，深深打动着中国人，并被广泛学习运用。如今，在中国共产党的带领下，中国一步步朝着马克思主义最崇高的社会理想前进，中国共产党在领导中国革命、建设和改革的实践进程中，始终坚持把马克思主义基本原理同中国具体实际相结合，推进马克思主义中国化，产生一系列理论成果，包括毛泽东思想、邓小平理论、"三个代表"重要思想、科学发展观、习近平新时代中国特色社会主义思想。这些理论成果成为中国不断发展前进的思想动力，发挥着真理的理论魅力。发展21世纪马克思主义、当代中国马克思主义，是对马克思主义最好的坚持。

2. 步骤二：讲述故事"火海救书"，并将《共产党宣言》读本发给学生传看，引导学生在"红色中华第一书"中感受思想的力量。

学生讨论：刘世厚为什么要不顾安危火海救书？背后体现了怎样的力量？

教师点评学生发言并阐述：《共产党宣言》使广大共产党人树立了共产主义远大理想信念、投身于民族解放振兴事业，也为中国共产党的创立奠定了思想基础。1848年2月马克思、恩格斯发表的《共产党宣言》，是关于科学社会主义的第一个纲领性文献，标志着马克思主义的诞生。马克思、恩格斯指导建立了世界上第一个无产阶级政党——共产主义者同盟，

《共产党宣言》就是共产主义者同盟的纲领。进入20世纪,在列宁主义的指导下,十月革命开创了共产主义政党掌握国家全部政权的新纪元。近百年来,一批中国的先进分子和中国共产党人持之以恒贯彻马克思主义指导思想,马克思主义的种子在中国大地绽放出灿烂之花,并同新时代中国全面深化改革的实践密切结合,使得马克思主义如同壮丽的日出,照亮着新中国,焕发强大的生命力量。

教师小结:中国共产党坚持马克思主义指导思想,在守正创新中坚定理论自信,筑牢思想基础,使得中国共产党能够牢记初心使命,不断与时俱进,这是"中国共产党为什么能"的思想法宝。

(二)环节二:反腐倡廉 初心如磐

导入:教师展示"反腐倡廉"主题相关的灯谜,如"人间销兵铸农器"(打一党风廉政用语)、"三令五申反复讲"(打一电视名词)等,调动学生课堂参与兴趣。

1. 活动一:带领学生歌唱谷建芬老师根据南宋诗人林升的《题临安邸》所创作的歌曲。

学生讨论:歌曲《题临安邸》想要传达怎样的价值观念、对我们今天有什么启示?

教师点评学生发言并阐述:"山外青山楼外楼,西湖歌舞几时休?暖风熏得游人醉,直把杭州作汴州。"这首诗是南宋时期反映当时社会腐败的歌谣,是历史给我们的警示。古人云:"勿以恶小而为之,勿以善小而不为。"防微杜渐,应从微末处做起。无论是这些谜底,还是诗歌和歌曲,都贯穿着反腐的思想理念、人生坐标。贪是从零开始的,个人如此,一个政党更是如此。反腐工作关系党的生死存亡,正风反腐绝对不是一句空话,党风廉政建设要永远在路上,反腐败斗争也要永远在路上。

2. 活动二:学生展示课前搜集的反腐资料"这个账总是要算的——新

中国70年管党治党历程回顾",回顾从新中国反腐第一案到国家监察体制改革的历程。

学生讨论：中国共产党的反腐成绩有何亮点？

教师点评学生发言并阐述：如果评选政治领域最热门的时代热词，"反腐"一定会名列其中。腐败问题不是一朝一夕形成的，激浊扬清也并非一日之功。每年的反腐工作背后，都离不开党坚定的反腐决心和人民群众的监督，党中央坚持有腐必反、有贪必肃，以前所未有的决心和勇气推进全面从严治党，产生了全方位、深层次的影响。这反映了中国共产党反腐倡廉的决心，也使得中国共产党保持着高度的纪律性、先进性、纯洁性，使得"中国共产党能"！中国共产党推进纪检监察体制改革，建立党统一领导、全面覆盖、高效权威的监督体系，取得了卓越成效。在新时代，不断深化党的自我革新，把权力关进制度的笼子里，保障公权力真正服务于十四亿人民，是中国共产党能够不断自我净化、自我完善、自我革新、自我提高的重要保障。在未来，反腐工作也将继续推进，反腐没有完成时，只有进行时，反腐永远在路上。

（三）环节三：治国有常　利民为本

1. 活动一：学生分享了解到的脱贫攻坚故事。教师展示材料"数说扶贫：民生至上　改革开路"（参见"资源链接"视频2），并推荐脱贫电视剧《山海情》。

学生讨论：脱贫攻坚取得显著成就的最大原因是什么？中国共产党为什么要始终坚持以人民为中心的根本立场？中国共产党始终走在时代前列、永葆生机活力的法宝是什么？

教师点评学生发言并阐述：今天中国取得的突出成绩离不开中国特色社会主义的领导核心——中国共产党，这是由其地位、性质、宗旨、执政理念以及群众路线所决定的。

知识点

①党的性质和宗旨。

党的性质：中国共产党是中国工人阶级的先锋队，同时是中国人民和中华民族的先锋队，是中国特色社会主义事业的领导核心，代表中国先进生产力的发展要求，代表中国先进文化的前进方向，代表中国最广大人民的根本利益。

党的根本宗旨：全心全意为人民服务。

党坚持以人民为中心的根本立场的原因：人民群众是历史的创造者，是社会变革的决定力量，是决定党和国家前途命运的根本力量；党的性质和宗旨决定党除了工人阶级和最广大人民的根本利益，没有自己的特殊利益，任何时候，都要把人民利益放在第一位。

②党的执政理念。

党的执政理念：立党为公、执政为民。

立党为公，就是党的路线、方针、政策都要代表中国先进生产力的发展要求、中国先进文化的前进方向和中国最广大人民的根本利益，都要体现国家和民族的共同利益、全体人民的共同理想。其核心是"公"字，"公"是国家和民族的公共利益、全体人民的共同理想、全社会的公共事务等实体性目标与公平、公正、公开等程序性要求的统一。对于我们党来说，"公"是指共产主义远大理想与阶段性奋斗目标的统一。现阶段中国共产党最大的"公"就是实现社会主义现代化和中华民族的伟大复兴。

执政为民，就是党的全部工作必须以中国最广大人民的根本利益为根本出发点和落脚点。

2．活动二：教师介绍"一切为了群众、一切依靠群众，必须坚持从群众中来、到群众中去，把党的正确主张变为群众的自觉行动"的群众路线和"粮草先行官张宜步""不拿群众一针一线"的红色历史故事。

学生讨论：党的群众路线在党的发展史中发挥了怎样的作用？

知识点 党的群众路线是党长期执政的重要法宝，群众路线的主题是如何处理党与人民群众的关系，其核心是保持党同人民群众的血肉联系。党在自己的工作中实行群众路线，一切为了群众，一切依靠群众，从群众中来，到群众中去，把党的正确主张变为群众的自觉行动。群众路线是中国共产党执政兴国的根本保证。走好新时代党的群众路线，是赢得民心、巩固党的执政基础的必然要求。"水能载舟亦能覆舟"，任何政党或政权的前途和命运，最终都取决于人心向背。中国共产党作为马克思主义的忠诚信奉者和坚定实践者，最大的政治优势就是密切联系群众。中国共产党成立以来，高度重视与人民群众的密切联系，以全心全意为人民服务作为党的根本宗旨，以实现好、维护好和发展好最广大人民根本利益作为一切工作的出发点和落脚点。中国共产党百年波澜壮阔的辉煌历程一再昭示：与人民风雨同舟、生死与共，始终保持与人民群众的血肉联系，是党战胜一切困难和风险的根本保证，是党永远立于不败之地的根基所在。

本课总结 习近平总书记强调："中国共产党人的初心和使命，就是为中国人民谋幸福，为中华民族谋复兴。"新时代，我们走上了从站起来到富起来再到强起来的新征程。实践再一次证明，由中国共产党领导中华民族实现伟大复兴，是历史和人民的选择，是正确的选择，是中国特色社会主义最本质的特征。党坚持正确思想的指导，坚持群众路线，具有自我革新的能力，这样的政党有能力把人民对美好生活的向往作为奋斗目标，带领群众朝着实现全体人民共同富裕的方向前进。

三、为什么要坚定不移坚持党的领导

课前准备：学生登陆国家博物馆官网，浏览《复兴之路》主题展览[①]，从《复兴之路》主题展览的展品中选择一件，分享展品背后的故事（如安

[①] 《复兴之路》基本陈列［EB/OL］.http://www.chnmuseum.cn/qwjs/? searchword=%E5%A4%8D%E5%85%B4%E4%B9%8B%E8%B7%AF.

徽凤阳小岗生产队红手印、北京奥运会火炬、嫦娥一号传回中国的第一幅全月球影像图等），感悟中华民族的复兴历程。

导入活动：学生介绍自己在浏览《复兴之路》主题展览时的感悟。

活动方式：学生自由发言，教师在学生发言的基础上阐述："这一展览浓缩了中国共产党领导人民站起来、富起来、强起来的伟大历程。回望过去、展望未来，'十四五'规划为我们确定了下一步的发展蓝图，共筑中国梦的这条道路上离不开党的正确领导，党政军民学、东西南北中，党是领导一切的。"

（一）环节一：不忘初心 继续前行

学生分享课前在学习强国APP中搜集的"中国梦"故事。接着，教师展示阅读材料《一图读懂"十四五"规划指标中的"增"和"减"》①，阐明规划制定的流程。

学生活动：学生思考在"实现中华民族伟大复兴""共筑中国梦""奋战'十四五'"的道路上中国共产党坚持怎样的执政方式、怎么理解这些执政方式。学生查找教材，解决问题，针对第二个问题可以讨论后回答。

教师任务：点评学生发言，引出教材知识，解释材料资源与知识点之间的关系——"十四五"规划的科学性离不开党对科学执政的坚持，对马克思主义指导思想的坚持，对社会发展客观规律的遵循；中国梦的推进过程体现了党为民执政的同时依靠人民执政；把"十四五"视作法治中国建设的重大进程节点体现了党依法执政。

知识点

①党坚持科学执政、民主执政、依法执政。科学执政，就是坚持以

---

① 一图读懂"十四五"规划指标中的"增"和"减"［EB/OL］．［2021-03-11］．http://news.youth.cn/gn/202103/t20210311_12762938.htm.

马克思主义的科学理论为指导，不断探索和遵循共产党执政规律、社会主义建设规律、人类社会发展规律，以科学的思想、科学的制度、科学的方式组织和带领人民共同建设中国特色社会主义；民主执政，就是坚持为人民执政、靠人民执政，发展中国特色社会主义民主政治，推进社会主义民主政治的制度化、规范化、程序化，以民主的制度、民主的形式、民主的手段支持和保证人民当家作主；依法执政，就是坚持依法治国、建设社会主义法治国家，领导立法，带头守法，保证执法，不断推进国家经济、政治、文化、社会生活的法制化、规范化，以法治的理念、法治的体制、法治的程序保证党领导人民有效治理国家。

②科学执政、民主执政、依法执政之间的关系：科学执政是基本前提，民主执政是本质所在，依法执政是基本途径。三者相互联系、有机结合，构成了中国共产党执政方式的基本理论框架。科学执政可以为民主执政和依法执政提供基本前提，提高执政的有效性；民主执政可以为科学执政和依法执政提供坚实的基础，确保执政的合法性；依法执政可以为科学执政和民主执政提供基本途径和保证，确保执政的连续性和稳定性。

（二）环节二：清澈的爱 只为中国

学生介绍时事新闻"喀喇昆仑写忠诚 对抗数倍于己外军——边防英雄英勇斗争视频公布"（参见"资源链接"视频3），观看记录视频。

教师请学生分享观后感。

学生活动：学生自主探究问题，组织答案，自由发言，其他同学随时补充。

教师任务：点评学生发言，指出我国目前面临的国内外形势依然复杂严峻，必须坚定不移、毫不动摇地坚持党的领导。

教师阐述：习近平总书记在全国抗击新冠肺炎疫情表彰大会中说：

"世上没有从天而降的英雄，只有挺身而出的凡人！""为了保护人民生命安全，我们什么都可以豁得出来！""一个民族之所以伟大，根本就在于在任何困难和风险面前都从来不放弃、不退缩、不止步。"在抗疫斗争中，共产党员们牢记使命，充分发挥先锋模范作用，25000多名优秀工作人员在火线上宣誓入党；在卫国戍边的战斗中，几位优秀的青年党员以身殉国，雪山回荡英雄气，风雪边关写忠诚，一句"清澈的爱，只为中国"让我们感受到军人党员的英勇无畏、国之大爱。中国今天创造出世所罕见的经济快速发展奇迹和社会长期稳定奇迹，我们成功战洪水、防非典、抗地震、化危机、应变局，打赢抗疫斗争，离不开那些"橄榄绿""天使白""守护蓝""志愿红"！正是因为有中国共产党的领导、有数以千万计团结和优秀的共产党员、有全国各族人民群众对中国共产党的拥护和支持，我们才能形成强大合力，从容应对各种复杂局面和风险挑战。

（三）环节三：时代青年　未来可期

学生阅读材料《青年该有的样子！——第24届中国青年五四奖章风采录》（参见"资源链接"文章2）后，齐唱歌曲《少年》。

学生思考与分享：何为有担当，你的答案是什么？你认为党员应该发挥怎样的先锋模范作用？结合新冠肺炎疫情阻击战，谈谈青年学生怎样听党话、跟党走？

教师阐述：曾经有这样一群少年，在中华民族深陷苦难之际，他们自请长缨、奋起抵抗，让中华民族"站起来"；他们自强不息、革故鼎新，让中华民族"富起来"；他们拼搏奋进、星夜兼程，让中华民族"强起来"。那些神州大地上令人惊叹的巨变，都是这群少年们的故事。如今，众多青年冲锋在应急工程建设、医疗、基层防疫的战斗前线，众多青年扶贫干部奉献在脱贫攻坚基层，无数的青年在平凡的岗位上创造着不平凡。

少年强则中国强,愿我们都像后浪一样,在河流中奔流前进,年轻一代有勇气,未来的一切都有希望!

本课总结　中国共产党是最高政治领导力量。中国共产党的领导是中国特色社会主义最本质的特征与中国特色社会主义制度的最大优势。中国共产党要始终走在时代前列,成为中国人民和中华民族的主心骨,在坚持和发展中国特色社会主义历史进程中始终成为坚强领导核心,就必须一以贯之地坚持科学执政、民主执政、依法执政,不断提高党的执政能力和领导水平。青少年作为新时代的生力军,也应自觉加入实现中华民族伟大复兴的队伍之中,贡献自己的力量!时代在变,先烈们的精神在延续,当代的青年应不负青春、自强奋斗、听党话、跟党走!

考核评价

1. 知识评价。

完成本专题每一节的知识框架梳理和知识清单填写。

2. 实践评价。

(1)了解你所在的地区有哪些革命遗址可以作为教育实践基地,结合本地实际情况,设计一次教育实践活动或参观游学活动,在活动完成后形成报告。

(2)以"我家二十年的变化"为主题做一次家庭小调查,形成调查报告。

(3)观看电影《无问西东》,以"我可以为国家做些什么"为主题写一篇演讲词。

资源链接

一、视频

1. 百炼成钢：中国共产党的100年——第二十六集 新中国成立，https://v.qq.com/x/page/v0036kie9hc.html

2. 数说扶贫：民生至上 改革开路，https://tv.cctv.com/2015/10/16/VIDE1445005154356430.shtml

3. 喀喇昆仑写忠诚 对抗数倍于己外军——边防英雄英勇斗争视频公布，https://news.cctv.com/2021/02/20/VIDEjhQ5KTMFlyzsIV25z3AA210220.shtml

二、文章

1.《习近平在纪念马克思诞辰200周年大会上的讲话》。
http://cpc.people.com.cn/n1/2018/0505/c64094-29966415.html

2.《青年该有的样子！——第24届中国青年五四奖章风采录》。
https://www.thepaper.cn/newsDetail_forward_7242697

参考文献

1. 习近平.决胜全面建成小康社会 夺取新时代中国特色社会主义伟大胜利[M].北京：人民出版社，2017.

2. 中国共产党章程[M].北京：法律出版社，2020.

3. 刘世军，刘建军，熊捷.中国之治[M].上海：上海人民出版社，2020.

4. 习近平.论中国共产党历史［M］.北京：中央文献出版社，2021.

5. 张士义，王祖强，沈传宝.从一大到十九大：中国共产党全国代表大会史［M］.北京：东方出版社，2017.

6. 金一南.苦难辉煌［M］.北京：作家出版社，2020.

7. 曹磊，杨丽娟.从13人到9000多万人：史上最牛创业团队［M］.北京：人民日报出版社，2020.

8. 新华社.习近平寄语新时代青年强调 坚定理想信念站稳人民立场 练就过硬本领投身强国伟业［EB/OL］.［2020-05-04］.http：//cpc.people.com.cn/n1/2020/0504/c64094-31696765.html.

9. 燕继荣.国家治理及其改革［M］.北京：北京大学出版社，2015.

10. 马克思，恩格斯.共产党宣言［M］.北京：人民出版社，2018.

大学段：建设世界上最强大的党

教学目标

与高中学段的教学相衔接，通过一系列符合大学生身心特点的教学活动，使学生充分认识到办好中国的事情，关键在党，关键在党要管党，全面从严治党。深入理解全面从严治党的内在根据、科学内涵和实现路径，深刻领会全面从严治党就是要把党建设成为始终走在时代前列、人民衷心拥护、勇于自我革命、经得起各种风浪考验、朝气蓬勃的马克思主义政党，进而使学生增强"四个意识"，坚定"四个自信"，做到"两个维护"，矢志不渝听党话跟党走，争做担当民族复兴大任的时代新人。

教学内容

1. 打铁还需自身硬：全面从严治党。

治国必先治党，治党务必从严。办好中国的事情，关键在党，关键在党要管党，全面从严治党。从严管党治党是我们党最鲜明的品格。全面从严治党的核心是加强党的领导，基础在全面，关键在严，要害在治。

2. 培根固元：政治建设。

旗帜鲜明讲政治是马克思主义政党的根本要求。把政治建设摆在首位，是全面从严治党的根本性问题。加强党的政治建设关键在于增强"四个意识"，坚定"四个自信"，做到"两个维护"，进一步坚定政治信仰，强化政治领导，提高政治能力，净化政治生态，保证全党团结统一、行动一致。

3. 补足精神之钙：思想建设。

思想建设是党的基础性建设，坚定理想信念是思想建设的首要任务。中国共产党的理想信念，就是马克思主义真理信仰、共产主义远大理想和中国特色社会主义共同理想。加强思想建设，就是要让理想信念成为心中的灯塔，做到虔诚而执着、至信而深厚。

4. 坚强堡垒：组织建设。

党的力量来自组织。党的全面领导、党的全部工作要靠党坚强的组织体系去实现。加强党的组织建设，尤其要贯彻新时代党的组织路线，以提升组织力为重点，把基层党组织建设成宣传党的主张、贯彻党的决定、领导基层治理、团结动员群众、推动改革发展的坚强战斗堡垒。

5. 人心向背：作风建设。

党的作风就是党的形象，关系人心向背，关系党的生死存亡。作风建设的核心问题是党同人民群众的关系问题。作风建设永远在路上，必须做到抓常、抓细、抓长，锲而不舍、持之以恒。

6. 制度治党：纪律与制度建设。

没有规矩不成方圆，制度建设是全面从严治党的治本之策。管党治党要靠严明纪律和规矩，要坚持纪严于法、纪在法前，把纪律和规矩挺在法律前面；要扎细扎密扎牢制度的笼子，推动党的制度优势更好地转化为治国理政的实际效能。

教学重难点

1. 教学重点。

（1）全面从严治党的内在根据。（2）全面从严治党的科学内涵。（3）全面从严治党的实现路径。

2. 教学难点。

（1）大党是否等于强党？（2）为什么要全面从严治党？（3）什么是全面从严治党？（3）如何全面从严治党？（4）党的政治建设、思想建设、组织建设、作风建设、纪律建设、制度建设的内在关系是什么？

学情分析

当代大学生思想活跃、善于思考、勇于探究、自主意识强、获取知识信息的途径多，但是心智尚未成熟，思想观念的可塑性强，最需要进行教育引导。由于受高中文理分科以及大学的学科专业划分的影响，不同学科专业的学生在基础知识、学习兴趣、思维方式上有明显差异，需要因材施教、有的放矢。

设计思路

1. 设计理念。

遵循思想政治工作规律、教书育人规律、学生成长规律，在小学段"童心向党"的情感启蒙、初中段"中国共产党好"的体验认同、高中段"解码中国共产党"的政治素养提升的基础上，推进到"建设世界上最强大的党"的使命担当上来，充分发挥学生的主体作用，以探究的方式，围绕"新时代建设什么样的党？新时代怎样建设党？"进行整体教学设计。

2．思维导图（见图1-5）。

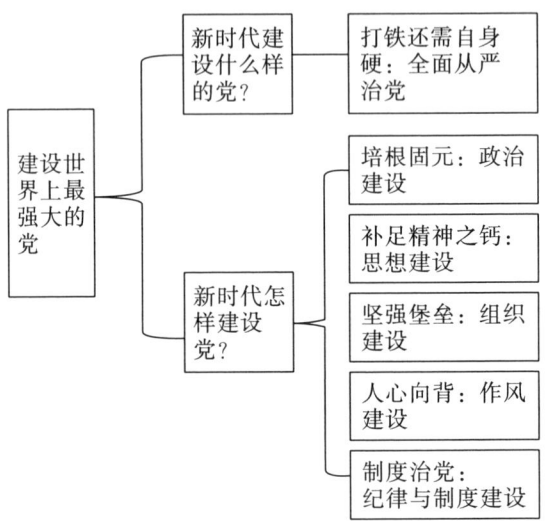

图1-5　专题一大学段思维导图

实施方案

一、打铁还需自身硬：全面从严治党

1．案例导入：引入案例"苏共垮台、苏联解体，'竟无一人是男儿！'"（参见"资源链接"案例1）：1991年，连续执政74年的苏联共产党垮台、苏联解体，莫斯科街头却"很平静"，作为苏共基础的基层党员态度冷漠，"竟无一人是男儿"！

2．分组讨论：引导学生思考讨论大党是否等于强党、一个政党的力量是否和党员的规模与数量成正比。

3．教师点评，并结合习近平总书记的相关重要讲话，进一步阐释打铁还需自身硬，从严治党是一个政党永葆生机的秘诀。

4. 引入案例"黄克功张灵甫杀人后的不同结局"（参见"资源链接"案例2），通过深入的比较分析，指出张灵甫杀妻、黄克功枪杀女大学生两宗命案出现的两种不同结局，充分说明中国共产党和国民党在管党治党上的差异，这样的差异也就注定了两个政党完全不同的命运。历史深刻昭示我们，中国共产党在领导中国革命、建设、改革一百年的奋斗历程中，之所以能够在与各种政治力量的反复较量中脱颖而出，能够始终走在时代前列，成为中国人民和中华民族的主心骨，很重要的原因就在于中国共产党始终保持了自我革命的精神，坚持从严治党。从严治党是党的优秀传统和鲜明品格。

5. 结合世情、国情、党情的新变化，分析指出，党的十八大以来，以习近平同志为核心的党中央根据新时代党建的新变化、新要求，在总结管党治党历史经验的基础上，首次提出全面从严治党，开启了治党新阶段。全面从严治党是从严治党的升级版，是新时代党的建设的新境界和鲜明标识。全面从严治党就是把党建设得更加坚强有力，让中国共产党真正成为世界上最强大的政党。

6. 深入阐释全面从严治党的科学内涵。全面从严治党，核心是加强党的领导，基础在全面，关键在严，要害在治。"全面"就是管全党、治全党，面向全体党员和党组织，覆盖党的建设的各个领域、各个方面、各个部门，重点是抓住"关键少数"。"严"就是真管真严、敢管敢严、长管长严。"治"就是从党中央到省市县党委，从中央部委、国家机关部门党组（党委）到基层党支部，都要肩负起主体责任，各级党组织要把抓好党建当作分内之事、必须担当的职责，各级纪委要担负起监督责任，敢于"瞪眼黑脸"，勇于执纪问责。

二、培根固元：政治建设

1. 组织学生开展讨论，引导学生充分认识，政治建设是党的根本性建设，决定着党的建设方向和效果，新时代党的建设要把党的政治建设摆在首位，以党的政治建设为统领。党要管党必须从党内政治生活管起，从严治党必须从党内政治生活严起。实践证明，严肃党内政治生活是解决党内矛盾和问题的"金钥匙"，是广大党员、干部锤炼党性的"大熔炉"，是纯洁党风的"净化器"。

2. 引入巴黎公社的案例，通过讨论分析，让学生认识到"巴黎公社遭到灭亡，就是由于缺乏集中和权威"。教师诠释"一个单独的提琴手是自己指挥自己，一个乐队就需要一个乐队指挥""没有权威，就不可能有任何的一致行动""造就一批有经验、有极高威望的党的领袖是一件长期的艰难的事情。但是做不到这一点，无产阶级专政、无产阶级的'意志统一'就只能是一句空话""任何一个领导集体都要有一个核心，没有核心的领导是靠不住的"等马克思主义经典作家关于领导核心的论述，阐明坚决维护习近平总书记党中央的核心、全党的核心地位，坚决维护党中央权威和集中统一领导，是党的政治建设的首要任务。

3. 引入案例"我将无我，不负人民"（参见"资源链接"案例3），通过阐述习近平总书记金句"我将无我，不负人民"等，充分展现习近平总书记成为全党拥护、人民爱戴、当之无愧的党的核心、军队统帅、人民领袖，是历史的选择、人民的选择、实践的选择。

4. 联系大学生实际，引导学生充分认识，坚决做到"两个维护"，就是要在政治立场、政治方向、政治原则、政治道路上同以习近平同志为核心的党中央保持高度一致，切实做到思想上高度认同、政治上坚决维护、组织上自觉服从、行动上紧紧跟随。

三、补足精神之钙：思想建设

1. 教师讲述红军长征中陈树湘掩护师部100余人成功转移，直至弹尽粮绝，不幸被俘，在被敌人抬至长沙途中，他乘敌不备从腹部伤口处绞断肠子，壮烈牺牲，年仅29岁，实现了他"为苏维埃新中国流尽最后一滴血"的誓言的故事（参见"资源铰接"案例4），组织学生思考讨论"是什么样的力量让陈树湘'肝肠寸断'、为革命流尽最后一滴血"，阐明革命理想高于天，坚定的理想信念有移山填海之力的道理。

2. 教师通过剖析少数党员干部不信马克思列宁主义而信鬼神、不信组织而信大师的反面典型案例（参见"资源链接"案例5），向学生深入阐释说明"理想信念就是共产党人精神上的'钙'，没有理想信念，理想信念不坚定，精神上就会'缺钙'，就会得'软骨病'"这句话的意义。

3. 教师组织学生收集资料，讲述全国优秀共产党员、时代楷模、全国脱贫攻坚楷模黄文秀的先进事迹，引导学生将个人的理想与国家、民族、人类命运紧密相连，坚定中国特色社会主义的共同理想和共产主义远大理想，将个人梦融入中国梦。

四、坚强堡垒：组织建设

1. 教师通过引导学生讲述抗击新冠肺炎疫情中一名名共产党员挺身而出，一个个战斗堡垒巍然矗立，鲜红的党旗在新冠肺炎疫情防控一线高高飘扬的故事，让学生充分认识、深刻体会一名党员就是一面旗帜，一个支部就是一个堡垒，党的力量来自组织，党的全面领导、党的全部工作要靠党的坚强组织体系去实现。

2. 教师通过剖析一些基层党组织涣散、软弱无力的典型案例，深入分析新时代加强党的组织建设的必要性和紧迫性，指出基层党组织是党执政大厦的地基。地基固则大厦坚，地基松则大厦倾。针对一些基层党组织弱化、虚化、边缘化的问题，要切实在打基础、补短板上下工夫，以提升组织力为重点，把各领域基层党组织建设成为宣传党的主张、贯彻党的决定、领导基层治理、团结动员群众、推动改革发展的坚强战斗堡垒。

3．教师带领学生深入农村、社区开展关于基层党组织建设的考察、调研，并让学生结合理论就加强基层党建、发挥党组织的战斗堡垒作用建言献策。

五、人心向背：作风建设

1．教师讲述爱国华侨陈嘉庚通过对重庆和延安进行实地考察和对国共两党的近距离观察，得出"中国的希望在延安"这一判断的故事（参见"资源链接"案例6），阐释作风问题关系人心向背，关系党的生死存亡。

2．学生收集资料，讲述毛泽东同志、周恩来同志、习仲勋同志等老一辈革命家的家风故事，从家风看党风，充分领会党的优良作风是我们任何时候都不能丢的传家宝。

3．教师通过解析案例"八项规定这7年·他们亲历这些改变"（参见"资源链接"案例7），解读反腐的数据、案例等，见微知著，用事实说话，充分阐释自党的十八大以来，以习近平同志为核心的党中央以踏石留印、抓铁有痕的劲头狠抓作风建设，以零容忍的态度重拳反腐，坚定不移"打虎""拍蝇""猎狐"，推动党风政风为之一新，党心民心为之一振。

4．教师讲述爬泰山不能停留在"快活三里"的故事，阐明作风建设永远在路上，不可能一劳永逸、一蹴而就，越到紧要关头越不能"一篙松劲"，越是爬坡过坎越应"咬定青山"，思想上不放松、标准上不降低、力度上不减弱，以燕子垒窝的恒劲、蚂蚁啃骨的韧劲、老牛爬坡的拼劲，不停步、永向前，才能登顶作风建设路上的"十八盘"，实现海晏河清。

六、制度治党：纪律与制度建设

1. 教师讲述蒋介石因红军对人民毫无骚扰而给刘湘发"希严饬所属……爱护民众"的电报的故事（参见"资源链接"案例8），阐明纪律严明是我党的优良传统，也是我党的力量所在。

2. 教师剖析"多家单位多名干部办公用房超标准，县委副书记、县纪委副书记被问责"（参见"资源链接"案例9）等典型案例，阐明制度事关根本、关乎长远，管党治党要靠制度，推进全面从严治党，既要解决思想问题，也要解决制度问题，坚持思想建党和制度治党同向发力。

3. 教师结合案例，生动诠释"牛栏关猫""破窗效应""稻草人"等词语（参见"知识链接"），深入阐释制度治党要完善党内的法规制度体系，全方位扎牢制度的笼子，让学生理解"制度的生命力在于执行，必须不断健全制度、强化执行，增强制度刚性约束，真正让铁规发力、让禁令生威"这句话的意义。

考核评价

1. 知识考核：通过课堂提问、课后练习、考试等方式对学生掌握本专题相关基本知识的情况进行考核评价。

2. 能力考核：通过课堂讨论、社会实践等方式考查学生是否具备运用马克思主义的立场观点和方法分析、解决问题的实际能力。

3. 考核模式：将过程考核和结果考核相统一，进行综合评价；将教师评价和学生评价相结合，发挥学生在考核中的主体作用。

资源链接

一、案例资源

案例1

苏共垮台、苏联解体，"竟无一人是男儿！"①

自从苏联解体后，关于苏联解体的原因就成了一个热议不衰的话题。人们从历史的、当下的、客观的、主观的、内部的、外部的各个方向探寻其原因，每每会提出这样的疑问：苏共垮台、苏联解体时，苏共的上千万基层党员在做什么？他们是怎么想的？当代俄罗斯历史学家罗伊·麦德韦杰夫在其著作《苏联的最后一年》中对一个场景的描述令人扼腕叹息：1991年8月23日，当苏共中央和俄共中央的部分工作人员离开位于老广场的苏共中央办公大楼时，大批示威人群汇集在大楼的出口，对那些走出大楼的工作人员大声叫喊，"到处是喊声、口哨声、叫嚣声，俨然就是一场革命。有人冲着库普佐夫喊道'揍他'！有人抢走了一位女工作人员的书包，并仔细地翻看着，显然是想寻找秘密文件。他们的表现极其蛮横无理，对我们党来说，这简直是一场灾难！"②第二天，戈尔巴乔夫宣布辞去苏共中央总书记职务，建议苏共中央自行解散。苏共的执政历史就这样结束了。几个月后的12月25日，戈尔巴乔夫发表电视讲话，全世界得知，苏联已不复存在。

---

① 李燕.男儿为何不抗争——苏联解体前苏共基层党组织与党员思想状况分析[J].红旗文稿，2015（18）：33-37.
② 〔俄〕罗伊·麦德维杰夫.苏联的最后一年[M].王晓玉，姚强，译.北京：社会科学文献出版社，2013：142.

从那时起，20多年过去了，作为亲历者的政要、学者、媒体评论人，还有西方国家派驻苏联的工作人员，写了大量的回忆录描述这个过程，在他们的笔下，有波罗的海国家要求独立的"人链"，有民族地区的冲突，也有开向莫斯科街头的坦克……人们从各个角度记录了戈尔巴乔夫改革后期国家的"沸腾"。但是，在很多人的回忆中，当戈尔巴乔夫宣布苏共自行解散和联盟解体时，莫斯科街头却"很平静"。对此，一些学者感叹：苏共垮台、苏联解体，作为苏共基础的基层党员态度冷漠，"竟无一人是男儿"！

案例2

黄克功张灵甫杀人后的不同结局[①]

黄克功是共产党的高级干部，张灵甫是蒋介石的得力干将。黄克功杀死了自己的恋爱对象，张灵甫打死了自己的续弦之妻。这两人同犯杀人之罪，毛泽东和蒋介石对其的处置却截然不同。

正因为黄克功是多年的共产党员，不得不处他以极刑

黄克功是抗大[②]第六队队长，参加过井冈山斗争和万里长征，曾为红军旅长，称得上一个老革命了。被杀者刘茜，是个不满20岁的城市女青年。"七七事变"后，她怀着一腔热血奔向延安，先在抗大黄克功所属的大队学习，后编入陕北公学。当时延安女青年找对象，以崇敬老红军为荣，有所谓"走长征路线"之说。起初，刘茜爱慕黄克功，可谓一见钟情，双方很快坠入爱河，定下了恋人关系，并且公之于众。但是，在恋爱、婚姻和家庭问题上，黄克功同刘茜不同程度地存在着一些不正确的观点，相处久

[①] 李家祥.黄克功张灵甫杀人后的不同结局[J].党史博览，1994（03）：36-38.
[②] 抗大即中国人民抗日军事政治大学，设立于土地革命时期，旨在培养抗日干部，后于1945年停止办学。

了，便发现彼此的生活情趣、习惯、爱好诸方面存有诸多差别。黄、刘二人却没有从主观上找原因，端正自己的婚姻恋爱观，以致酿成了一起人间悲剧。

悲剧发生在一个明月皎洁之夜。黄克功独自到陕北公学找刘茜，约她到延河边散步，作最后"谈判"。黄指责刘朝三暮四、不忠贞，另有所爱。刘则认为双方都有自由恋爱权，可以另觅意中人。话不投机，双方始而小声争辩，继而大声吵闹。在无法排遣的激怒中，黄克功拔枪威胁，刘茜不为所动。逼婚未遂，黄克功又气又急，挥枪便打，刘茜拼尽全力反抗。在一阵厮打中，黄克功扣动了扳机。刘茜应声倒下，结束了年轻的生命。案发后，延安保卫处发出通报，寻找破案线索。黄克功的警卫员发现他整日心神慌乱，坐卧不宁，形迹可疑，立即向杭大校部作了汇报。领导马上找黄谈话。这时黄克功早已恢复了理智，毫无保留地坦白了犯罪经过，经抗大副校长罗瑞卿向中共中央报告并得到批准，陕甘宁边区高等法院当即将黄克功逮捕收监。

在延安，这种杀人案是绝无仅有的，人们议论纷纷，对是否判处黄克功死刑，形成了两种尖锐对立的意见。老同志们认为，黄自恃有功，无视法纪，杀人者必须偿命，以警醒他人；青年同志认为，黄是红军的重要干部，时值民族战争紧要关头，正需要这样的人，主张给以戴罪立功机会。

公审大会场设在陕北公学的大院里，各个机关、部队、学校、工厂均有人参会，至少有100人参加。党的总书记张闻天也坐在主席台上面。审判长雷经天宣布开庭后，起诉人和证人依次陈述黄克功事件的全部过程，各单位代表发表了群众对案件的意见。黄克功如实向法庭交待了犯罪的动机和经过。当审判长询问他有什么请求时，他仅表明下述态度：如果是被判死刑，但希望死在与敌人作战的战场上。他请求给他一挺机关枪，由执刑队督阵，死在与敌人的冲杀中。他还说，如果不合刑律就不要求了。

法庭经过严肃审理，雷经天审判长庄严宣布，对黄克功处以死刑，立即执行。黄没有表示任何反抗、抵触、激动或消沉的情绪，异常平静，仿佛预知事情的结局本应如此。他转过身来，面向群众，举起双手，高呼口号："中华民族解放万岁！""打倒日本帝国主义！""中国共产党万岁！"随后，他跟着刑警队，向刑场走去。

恰在此时，法庭收到了由通信员疾速送来的毛泽东亲笔信。在此之前，雷经天和黄克功曾分别向毛泽东写信，征求处理意见。现在，因为信上建议要当着黄克功的面向公审大会宣读，于是审判长与张闻天紧急商议后，取得一致意见，命令将行刑队追回，黄克功重新站在犯人的位置上，心灵深处陡然升起一线生的希望之光，然后神情肃然地垂首静听宣读毛泽东的信件。

雷经天同志：

你的及黄克功的信均收阅，黄克功过去斗争历史是光荣的，今天处以极刑，我及党中央的同志都是为之惋惜的。但他犯了不容赦免的大罪，以一个共产党员红军干部而有如此卑鄙的、残忍的、失掉党的立场的、失掉革命立场的、失掉人的立场的行为，如为赦免，便无以教育党，无以教育红军，无以教育革命者，并无以教育做一个普通的人。因此中央与军委便不得不根据他的罪恶行为，根据党与红军的纪律，处他以极刑。正因为黄克功不同于一个普通人，正因为他是一个多年的共产党员，是一个多年的红军，所以不能不这样办。共产党与红军，对于自己的党员与红军成员不能不执行比较一般平民更加严格的纪律。当此国家危急革命紧张之时，黄克功卑鄙无耻残忍自私至如此程度，他之处死，是他自己的行为决定的。一切共产党员，一切红军指战员，一切革命分子，都要以黄克功前车之戒。请你在公审会上，当着黄克功及到会群众，除宣布法庭判决外，并宣布我这封信。对刘茜同志之家属，应给以安慰与抚恤。

毛泽东

一九三七年十月十日

希望之光消逝了。黄克功自知罪不容赦，只有认罪伏法。在刑场上，他再次高呼"共产党万岁"等口号后，悔恨莫及地倒了下去。一个参加革命十余年的冲锋陷阵的革命战士，不曾牺牲在国民党反动派的枪炮之下，而受到自己法庭的判决枪毙，不能不令人痛恨而又惋惜。

远处传来几声清晰的枪声，会场上渐渐从几个方向传出了低声哭泣，哭声由低而高。大会主席宣布张闻天要向大会作重要讲话。讲稿的题目是《民主、法制与共产主义的恋爱观》。张闻天讲道："几千年封建社会的影响很不容易清除。在恋爱、婚姻及家庭问题上，尤其是这样。男尊女卑、重男轻女、大男子主义、买卖婚姻等，一直是革命与妇女解放的课题。大家应该读恩格斯的《家庭、私有制和国家的起源》及马克思、恩格斯合著的《共产党宣言》中的有关论述。在恋爱、婚姻及家庭问题上，要注意重视政治与生活两个方面的协调，不能只卿卿我我，一味追求性爱关系。爱人与夫妻，第一应是同志关系，在政治上互相帮助。新社会的新女性，已不是男人的奴隶、泄欲工具……"张闻天的讲话赢得了全场雷鸣般的掌声。

杀人后的张灵甫变成了"国军"王牌师长

蒋介石对待枪杀无辜之妻的部下——张灵甫，则同毛泽东对待黄克功的方式迥然不同。张灵甫，原名张宗灵，在国民党将领中也是个有名的人物。读者从电影《红日》《孟良崮战役》中，都认识了他。作为现代中国人，张灵甫的"知名度"远比黄克功要高得多。但张灵甫无辜杀妻的史实，却鲜为人知。

1925年7月，出生于陕西西安的张灵甫已21岁，南下广州，考入黄埔军校第四期步科，1926年10月毕业。国民党军官的私生活大多数颇为糜烂，张灵甫亦是如此。他先后娶过好几个妻子，已经杀过两个，被杀的第三个是苏州女子。俗话道："苏杭二州出美女。"这第三个妻子虽无"沉鱼落雁之容，羞花闭月之貌"，但也不乏苏州女子的千般婀娜与秀气，不仅相貌娇美，且知书识礼，贤惠端庄，绝非轻浮之辈。

此时，张灵甫在蒋介石的嫡系胡宗南部下任团长，二人既是蒋的学生，又是同学，关系甚好，飞黄腾达之时指日可待，张灵甫自然骄狂得很。

一天，也是团长的同事从西安探亲返回部队，张灵甫迫不及待地问："看到我的太太没有？"同事见他思妻若渴的神态，禁不住想笑，便故意同他开了个玩笑，说："看见了，你妻子浓妆艳抹，花枝招展似地在电影院门口，同一位风流倜傥、西装革履的年轻人交谈甚密。"张灵甫误认为同事的玩笑是真情实事，蓦然间醋火中烧，心想，凭我年轻有为、前途无量的堂堂团长，何愁弄不到十个八个美若天仙的女人，你竟不知天高地厚地胡来，实在气煞人也。想到此，他急慌慌地不辞而别，怒火中烧地回了营房。一连数日，他心不安意不定，只是借酒解闷。他曾有过待把事情来龙去脉搞个一清二楚再同妻子决裂的念头，但又极爱面子，不愿让"家丑"张扬出去，当了同事取笑的活靶子，想来想去，还是决定"私了"为上策，便借故向长官请了假，连护兵也没带，独自回西安了。

久别胜新婚。妻子见久别的丈夫突然回家，自是乐得眉开眼笑，妩媚动人，侍候丈夫更比往日热情殷勤。但妻子越亲密，心灵龌龊的张灵甫越发怀疑妻子不贞，反认为她是心中有鬼才故意装出来的。至此，他已完全铁了心，要枪杀妻子了。只可怜那满脸欢笑的俊俏女子还不知已经死到临头了。

张灵甫假意让妻子到院里小菜园割韭菜给他包饺子吃，可妻子刚弯腰蹲下，他已拔出手枪，砰一声打在妻子的后脑勺上，妻子一声没吭地上了西天。丧失理智、残忍无度的张灵甫居然连尸首也不掩埋，悄悄地归了部队。

世上没有不透风的墙，张灵甫的丑行很快传遍了古城西安，尤其是妇女界的同胞更是愤愤不平，不仅在报刊上纷纷发文谴责，并且联名给任全国妇女部部长的蒋介石夫人宋美龄写信控告，强烈要求严惩惨无人道的张灵甫。宋美龄得信后也气愤异常，当即把信甩到蒋介石的办公桌上，说："看，这是你的学生，枪杀无辜妻子，天理何在？"蒋介石飞快看罢控告信，也气得血液上涌、立刻命令侍卫长接通胡宗南的电话，怒吼道："娘希匹，不争气！你部下有个团长，叫张宗灵，无辜枪杀自己的妻子。我命你速把他押解来南京，军法从事。"胡宗南不敢怠慢，叫来张灵甫道："你办的好事，老头子知道了，命你即刻去南京，听候审判。"胡宗南把张灵甫认做嫡系，没有给他难堪，不叫人押解，由张灵甫自己去了南京。

蒋介石在南京，名义上将张灵甫关在监狱，但并不让他受监规的约束，仍然可以自由自在地活动。直到一年后，根本就没有过问审理。

卢沟桥事变后，王耀武为张灵甫求情，对蒋介石说："张宗灵很会打仗，且对党国忠心耿耿，现在抗战开始，急需人才，倒不如将他放了，让他杀敌立功。"王耀武的话正合蒋介石的心意，他根本就不想治部下的罪，只是关在监狱，挡挡世人眼目而已。现在既然有人求放，倒乐地做一个顺水人情。他对王说："那就把张宗灵交给你，好生教导他，让他改过自新。"

出狱不久，张灵甫仍任团长，因张宗灵的名字臭名远扬，故而改为张灵甫。此后，张灵甫对蒋介石更为效忠。蒋介石也更倚重他，让他担任整编七十四师师长。这是蒋介石的王牌军之一。张灵甫心甘情愿地为蒋介石卖命，充当进攻山东解放区的急先锋。1947年5月，在孟良崮战斗中，七十四师被解放军重重围困歼灭，顽抗到底的张灵甫等死硬派，均毙命于师指挥所的山洞里，蒋介石闻听张灵甫阵亡的消息后，痛哭失声。

毛泽东领导的共产党为何由弱到强到胜，蒋介石领导的国民党为何由强到弱到败，从处理部下杀人案中，即可窥见一斑。

案例3

"我将无我，不负人民"[①]

这句话是习近平3月份在意大利进行国事访问时说的。当时，意大利众议长菲科问习近平，当选中国国家主席时是什么心情。习近平回答，这么大一个国家，责任非常重、工作非常艰巨。我将无我，不负人民。我愿意

[①] 王子晖.习近平年度"金句"之四——"我将无我，不负人民"[Z/OL].[2019-12-27].http://politics.people.com.cn/n1/2019/1227/c1001-31526574.html.

做到一个"无我"的状态，为中国的发展奉献自己。

习近平这番话为我们打开了一个新的境界。

何谓"无我"？一路走来，习近平的一言一行都作出了生动的诠释。正因如此，这句话得以刷屏互联网、传遍海内外，感动了无数人，也震撼了无数人，成为大家普遍认同的年度"金句"。

"无我"，是"无私"，是"忘我"。

夙夜在公、忘我工作是习近平最平常的状态，风尘仆仆、马不停蹄是他治国理政最真实的写照。

2019年，他7次踏出国门，跨越3大洲，抵达12国，出席5个重要国际会议，还在国内主持了4场盛大的多边外交活动，会见来华的外国政要、代表团上百次。

2019年，他到9个省区市考察调研，视察澳门特别行政区，足迹遍及祖国的东西南北，考察期间还主持召开了4个跨省区的座谈会。

2019年，他多次主持、出席一系列重要会议，为国家发展把脉定向、掌舵领航。他亲自挂帅的中央深改委、中央财经委等委员会高效运转，一项项重大举措密集出台。

……

纵观全年，公开报道的习近平参与的重要活动超过500个，一年中周末仍有公开活动的就有近30周。除了如此频繁的会议活动，习近平还要审阅大量的重要文件。重大改革方案，每一稿他都要逐字逐句亲笔修改。报送给他的请示，不管多晚，第二天早上都能收到他的批示。

人们还清楚记得2014年2月，习近平接受俄罗斯电视台专访时对"时间都去哪儿了"的感慨。这样的高强度工作下，几乎不可能有自己的时间。但习近平总是强调，是人民"把我放在这样的工作岗位上"，"责任重于泰山"！他曾引用诸葛亮的《出师表》表达自己的心情："受命以来，夙夜忧叹，恐托付不效。"

肩负着人民的信任和重托，7年如一日，习近平不知疲倦，兢兢业业，他既是领路人，也是奋斗者。

他说过，一个举重运动员，最开始只能举起50公斤的杠铃，经过训练，最后可以举起250公斤。我相信可以通过我的努力、通过全中国13亿多人民勠力同心来担起这副重担，把国家建设好。我有这份自信，中国人民有这份自信。这是一个共产党人甘于"无我"、赤诚奉献的豪迈宣言。

"无我"，是"无畏"，是"舍我"。

中华民族伟大复兴，绝不是轻轻松松、敲锣打鼓就能实现的。在前进道路上我们面临的风险考验只会越来越复杂，甚至会遇到难以想象的惊涛骇浪。习近平经常这样告诫人们。

当前，改革的复杂性、敏感性、艰巨性更加突出，反腐败斗争形势依然严峻复杂，三大攻坚战取得关键进展但仍然存在薄弱环节，世界经济运行风险和不确定性显著上升……领导这样一个大国，每天都要面对各种各样的挑战、各个领域的斗争。必须有"无我"的胆略和气魄，方能迎击风雨，一往无前。

"党和人民需要我们献身的时候，我们都要毫不犹豫挺身而出，把个人生死置之度外。我们都做不到，让谁去做？"

"人民把权力交给我们，我们就必须以身许党许国、报党报国，该做的事就要做，该得罪的人就得得罪。"

"不忘初心，牢记使命，就不要忘记我们是共产党人，我们是革命者，不要丧失了革命精神。"

……

在习近平的讲话中，这样的句子比比皆是。没有他下决心，很多重大决策是难以出来的。

在事关中国特色社会主义前途命运的大是大非问题上坚定不移，在改革发展稳定工作中敢于碰硬，在全面从严治党上敢于动硬，在维护国家核心利益上敢于针锋相对，这是一个共产党人毅然"无我"，勇担使命的大无畏精神。

无我"，是"无愧"，是"真我"。

我们的共和国是中华人民共和国，人民是共和国的坚实根基，人民是我们执政的最大底气。

中国共产党的一切来自人民，一切国家机关工作人员，无论身居多高的职位，权利都是人民赋予的。"我将无我"，最终是为了"不负人民"。只有做人民的勤务员，接受人民监督，始终要把人民放在心中最高的位置，始终全心全意为人民服务，始终为人民利益和幸福而努力工作，才无愧于人民的信任和重托。

吉好也求、节列俄阿木、赵顺利、陈玉芳、陆奕和……在习近平2019年新年贺词中，出现了一连串普通百姓的名字。还在辛勤工作的快递小哥、环卫工人、出租车司机以及千千万万的劳动者，都让他深深牵挂着。

在习近平心中，"我将无我"就是心中装着每一个人，"不负人民"就是要造福每一个人。

当"自我"完全融入"大我"，这样无愧于人民的"我"，方是共产党人的"真我"。

"我将无我，不负人民"，既有钢铁意志，又具侠骨柔肠，这是一个共产党人应有的人生观、价值观，是需要我们永远追求的崇高境界。

案例4

陈树湘"断肠明志"[①]

2014年10月，在福建古田召开的全军政治工作会议上，习近平总书记讲述了中国工农红军第三十四师师长陈树湘"断肠明志"的壮烈故事，让与

---

① 总书记讲过的英烈故事——陈树湘"断肠明志"[Z/OL].[2017-08-01].http://news.cctv.com/2017/08/01/ARTIQZTeyEiqSMlBzdU74Ay5170801.shtml.

会代表无不为之动容，总书记强调"把先辈们用鲜血和生命铸就的优良传统一代代传下去"。陈树湘是谁？他有着怎样的英雄壮举？下面请了解革命先烈陈树湘"断肠明志"，为苏维埃新中国流尽最后一滴血的感人故事。

1934年10月，中央红军开始长征。年仅29岁的红三十四师师长陈树湘奉命率部担负全军后卫，掩护红军主力和中央机关。1934年11月下旬，在惨烈的湘江之战中，红三十四师与十几倍于自己的敌人殊死激战四天五夜，付出重大牺牲，全师由原来的5000多人锐减到不足1000人。在完成掩护红军主力和中央机关抢渡湘江任务后，红三十四师陷入敌人的重重包围。在突围时陈树湘腹部中弹，身负重伤。他用皮带压住伤口，忍着剧痛躺在担架上指挥战斗。最后，部队弹尽援绝，陈树湘伤重被俘。

敌人抓到一名红军师长，高兴得不得了。道县保安团一营营长何湘命令将陈树湘抬到一间布铺里，为他找医送饭，企图从陈树湘口中得到红军的情报。面对敌人的威逼利诱，陈树湘毫不动摇，拒医绝食，坚持斗争。身体越来越虚弱，生命垂危。无奈的何湘只好于1934年12月18日拂晓，将陈树湘押解进道县县城。当行至道县蚣坝镇石马神村时，陈树湘乘敌不备，在担架上忍着剧痛，从伤口处掏出自己的肠子，大喊一声，将肠子用力绞断，壮烈牺牲，实现了他"为苏维埃新中国流尽最后一滴血"的誓言。

案例5

不信马列信鬼神，不信组织信大师——这些党员干部为何堕入迷途[①]

2020年9月30日，中央纪委国家监委网站发布消息，福建省委原常委、

---

① 李文峰.不信马列信鬼神，不信组织信大师——这些党员干部为何堕入迷途[Z/OL].中央纪委国家监委网站.[2020-09-30].https://www.ccdi.gov.cn/yaowen/202009/t20200930_226602.html.

省政府原副省长张志南严重违纪违法被开除党籍和公职。通报指出,张志南对抗组织审查,搞迷信活动。仅今年以来,中央纪委国家监委网站已通报24名落马干部从事迷信活动。

通报说明,仍有少数党员干部精神世界迷雾未除,任由封建迷信的沉渣花样泛起,他们有的长期在家烧香拜佛,有的给自己祖坟、办公室调风水,有的指使行贿人给"大师"捐款。这些鲜活的案例更说明,走上歧途的党员干部,把空虚的内心寄托在神佛身上,如同盲人碰上瞎马,只会从悬崖上跌落。

少数党员干部深陷迷信 怪事迭出

——长期烧香拜佛,工作之余焚香诵经。今年4月,新疆巴音郭楞蒙古自治州党委原常委、宣传部部长党峰被"双开",通报第一句即指出其"丧失理想信念,四个意识全无,长期从事迷信活动"。2018年前后,党峰装修房子时在家中发现了几只蝙蝠尸体,认为这是"不吉之兆"。在他人引荐下,党峰赴四川拜入一名"仁波切(活佛)"门下,领取"皈依证",并在家中专门辟出一间屋子作为佛堂,摆放佛像、转经筒,每日焚香膜拜,念诵佛经。

——沉迷风水,谎称出差参加风水培训班。把风水卜卦当作一门学问潜心钻研,是湖北省咸宁市城市建设资金管理中心原副主任佘朝礼的"业余爱好"。他不仅给自己的祖坟、住所、办公室调风水,给自己儿子改名字,还以出差联系业务为由,利用工作日赴外地参加风水培训班。

——让行贿人给"大师"捐款,利用公权力搞迷信活动。作为一名医学博士,南华大学原副校长全智华患斜颈病后,竟相信自己落病的原因是"对菩萨不恭敬"。为获得"风水大师"秦某指点,全智华让曾中标门诊大楼项目的商人向秦某捐款100万元。"从一个唯物主义者演变成唯心主义者,不信医学,迷信风水,辜负了组织对我的培养。"年近六旬、头发花白的全智华在忏悔书中如此写道。

党员干部从事封建迷信活动,根源是理想信念出了问题。

中国人民大学反腐败与廉政政策研究中心主任毛昭晖认为，信仰缺失与腐败行为相伴而生，党员干部失去信仰，将丧失抵御诱惑的意志力，导致滑入违纪违法的深潭，而迷信带来的虚无安全感和自我道德说服又加速了这一结果的产生。

对陷入迷信歧途的党员干部，绝不能等闲视之。如果任由封建迷信活动滋生蔓延，就会污染社会风气，极大地损害党的事业和形象。

案例6

"中国的希望在延安！"①

从文化传统看，"政治本色"体现了中国共产党人对中华民族优良传统的继承发扬。艰苦奋斗是中华民族的传统美德，中华民族的发展史就是一部艰苦奋斗史，中国人自古以来讲的是"天行健，君子以自强不息""穷且益坚，不坠青云之志""劳苦之事则争先，饶乐之事则能让"，中华文化基因里充溢着艰苦奋斗的气质。毛泽东明确提出："我们民族历来有一种艰苦奋斗的作风，我们要把它发扬起来。"抗战期间，中国的政治力量中谁继承了这个民族优良传统？陈嘉庚先生深有体会。1940年，他组织南洋华侨回国考察抗战情况，慰劳抗战将士。在国民党统治区的重庆和西安，他目睹各种奢侈和腐败，达官贵人花天酒地，政府要员贪污腐化，其女眷则唇红口丹、旗袍高跟，酒楼茶馆宾客盈门，让他非常失望。来到延安后，看到的是毛泽东居住在窑洞里，洞里只有十几只大小不等的木椅。毛泽东请他吃饭，就在窑洞外露天设一席，桌上只有白菜、咸饭，还有一大碗鸡汤。毛泽东告诉他，自己工资有限，买不起鸡，这只鸡

---

① 王均伟.重温毛泽东关于艰苦奋斗的论述［J/OL］.求是网.［2020-02-16］.http：//www.qstheory.cn/dukan/qs/2020-02/16/c_1125572631.htm.

是邻居老大娘听说来了贵客,特意把自己养的鸡送来的。8天延安实地考察,陈嘉庚说他真正感受到了延安党政军民的艰苦奋斗精神和良好社会风气。回到南洋,他告诉侨胞:"中国的希望在延安!"

国民党军第12兵团司令黄维在淮海战役中战败被俘,长期不服气。1975年夏天,有关部门组织了一批政协委员到外地参观,刚被特赦担任全国政协文史专员的黄维也在其中,在延安看见毛泽东、周恩来住过的窑洞,给了黄维极大触动,那是何等的艰苦之所!共产党就是在这样困难这样清贫的条件下,指挥军队、率领人民,创建了新的人民政权。

案例7

八项规定这7年·他们亲历这些改变[①]

八项规定改变中国。中央八项规定出台七年来,中央率先垂范,各地各部门严格落实,全党驰而不息纠"四风",刹住了许多人认为不可能刹住的歪风,人民群众看到了实实在在的成效和变化。近期,我们采访了三位读者,听他们讲述自己的亲身经历,感受新风正气。

奶奶的三次生日

不久前,杭州市上城区的耿丽和家人为耄耋之年的奶奶过了一次生日。这次生日过得很简单,全家人凑在一起吃了长寿面。欢笑中,耿丽想起了给奶奶过的另外两次生日。

十几年前,奶奶第一次从江苏常州到儿孙们生活的杭州过生日,当时两地还没有通高铁,要搭乘"摩的"从常州远郊颠簸到市区,再坐上五六个小时的绿皮火车到杭州。

---

① 鲍爽.八项规定这7年·他们亲历这些改变[Z/OL].[2019-12-03].http://www.hnsjct.gov.cn/sitesources/hnsjct/page_pc/xwtt/articleb7e61053ee28457b9cf3cbd9715066c0.html.

那次，耿丽的父亲本想在西湖边的一家餐厅订桌酒席，但听熟人讲"这家饭店接待宴请比较多，常常被公款吃喝或老板请客订满了，平民百姓根本插不进去"。于是，奶奶的那个生日，耿丽的父母炒了几样小菜，大家在家中陈旧的小方桌上用了一餐。

后来，高铁通了，常州到杭州只要两个多小时，耿丽的奶奶又一次到杭州过生日。

这一次奶奶的生日，是在西湖边的星级饭店过的。刚走进饭店大门，奶奶就有些犹豫："这里条件这么好，不是说只有领导和老板才吃得起吗？你们给我过生日可千万别浪费啊！"家人连忙向奶奶解释："那是'老黄历'了，现在公款吃喝被管住了，政商关系讲究'亲清'二字，西湖边的豪华宴席、会所转型成了面向市民和游客的餐厅、茶馆，走起了平民路线，老百姓吃得起，预约也方便，打个电话就行。"

"还是这样好，让我们老百姓也能在西湖边吃顿饭了。"奶奶的话，逗得大家开心大笑。

今年的生日，奶奶又有了"新想法"，她决定简简单单过，在家里灶台上烧碗面就当过生日了。她说，孩子们勤勉工作、健康平安就是给她的最好生日礼物。

"礼品哥"的转行

眼下，正是山茶油上市的季节。中央八项规定出台之前，这是湖南辰溪当地买卖人老阳一年中最忙的时节。

前些年，老阳在辰溪县城开了一家店铺，专门经营火炕鱼、腊肉、干牛肉、茶油等土特产，因为商品全、服务好，那些向上跑项目、跑资金的单位和客商，常常光顾他的店铺，买些土特产，出去走动时"意思意思"。生意越来越好，客户越来越多，人们管他叫"礼品哥"。

每逢茶油上市，不少单位会用公款购买，或作为单位福利，或作为特产馈赠给相关部门。而他，则忙着到处收购山茶油。找他买茶油的单位多，他得备足货，还要杀猪宰牛熏制腊货，为过年土特产销售旺季备货。

"那时越到过节的时候,土特产礼品越是抢手。前来买土特产的,单位居多。一般年份纯收入有十五六万元,好的年份可以达到二十多万元。"老阳说。

中央八项规定出台后,当地狠刹公款送礼歪风。老阳感到风气开始转变,生意明显转凉。"礼品饭"难以为继,他果断转行,关闭了土特产店。

如今,老阳做起了工艺品生意,做木质笔筒、手链、仿古桌椅,转行当年纯收入就达到了十几万元。凭着做事认真、选料精细,几年下来也算小有名气,产品供不应求。

"过去做礼品生意虽然也赚钱,但自己明白那些单位大手大脚花公家的钱是不对的,况且那时还得辛苦维系各方关系,心挺累的。现在,面向市场竞争,靠质量取胜,这个钱挣得踏实。"老阳说,现在工艺筷子走俏,能卖到二三十元一双,他正在加紧设计生产,争取早些投入市场。

村主任家的饭馆不行了

老何在洛阳市经营一家农家乐,店面不大,食客却不少。

"您稍等,马上就能腾出位置。"老何的妻子一边为刚吃过饭的一家人打包装袋,一边用手机收钱,之后收拾好桌上的空盘,擦干净桌面,请客人坐下,麻利地倒茶、下单、上菜。老何在厨房忙着炒菜、炖菜,一盘盘从后厨递出来,稍微有点空闲就出来帮着妻子招呼客人。

晚上,送走当天最后一拨顾客,老何与妻子用多余的烙饼和食材炒出杂烩菜,慰劳一天的劳累。吃完饭,盘点出当天的流水,看着计算器上的数额,老何夫妻俩很满意。

早几年,老何家的生意可不是这样的光景。前些天还有人向他"取经",说过去全村就数村东头村主任家的饭馆生意好,为啥这两年村主任家的不行了,老何家的饭店倒是"起来了",想来讨教有什么经营"秘籍"。

老何笑笑不说话,心里却清楚,哪里有什么秘籍。过去村主任家饭馆生意好，还不是靠村主任交际面广、认识的人多，三乡五里的公家单位常去他家的饭店吃吃喝喝。

而中央八项规定的出台，纠正了不良风气，改进了干部作风，公款吃喝被管住了，公务接待也规范了，公家单位基本没有来这里吃饭的了。现在，饭馆里来的都是城里的游客、街坊家的亲戚朋友，更看重味道好不好、价格实惠不实惠。

老何挺知足的，他说以前做生意，拼的是人情关系，现在做生意，要拼质量和口碑了。

案例8

蒋介石感叹红军对人民毫无骚扰①

1935年1月底，中央红军一渡赤水后，主力由猿猴场迅速通过川南边区的古蔺官山老林，经叙永东面的大寨，直逼叙永县城。

"四川王"刘湘急电潘文华令入黔各部火速回援叙永、古蔺，并电令入黔增援的刘兆藜旅、周成虎警卫大队立即回撤至叙永、古蔺边区的桂花场、登子场一线防堵；同时调尚未进入黔北的陈万仞师、袁筱如旅和魏楷部配备在江岸设防的部队，亦分别集结驰赴叙永共同防御。

一时间，叙永地区的国民党军竟达十万之众，军用粮秣供应浩繁，民仓告匮，耗及种籽，加之军纪败坏，烧杀抢掠时有发生，百姓叫苦不迭。

与此形成鲜明对比的是，红军所到之处纪律严明，对百姓秋毫无犯，深得民心。

蒋介石深知民心向背的重要，特意给刘湘、潘文华发去密电："据

---

① 李涛，蔡琳琳，李悦.红军的对手——国民党人看长征［Z/OL］.新华网.［2016-10-06］. http://www.xinhuanet.com/politics/2016/10-06/c_1119667396.htm.

报,前朱、毛匪部窜于川南时,对人民毫无骚扰,有因饿取食土中萝卜者,每取一头,必置铜元一枚于土中;又到叙永时,捉获团总四人,仅就内中贪污者一人杀毙,余均释放,借此煽惑民众,等情。希严饬所属军队、团队,……爱护民众,勿为匪所利用。"

从蒋介石的电文中,不难看出当年红军在长征途中纪律如铁赢得民心的事实。

案例9

多家单位多名干部办公用房超标准,县委副书记、县纪委副书记被问责①

"原来想着顶多批评教育一下就过去了,没想到连县委副书记和县纪委副书记都受到了处分,真是动真格了。"一个县几家单位的多名干部违纪,县委副书记、县纪委副书记因落实中央八项规定精神不到位,受到责任追究,这让该县党员干部特别是领导干部深受触动。

2015年春节前夕,为防"四风"反弹,甘肃省纪委在各地开展明察暗访。2月9日,工作人员敲开西和县政协办公室主任吴晓宏的房门,一间宽敞的大办公室映入眼帘。

该办公室实测面积31.5平方米,属于超标准办公用房。

其实,西和县早在2013年9月,就开展了党政机关清理办公用房工作。当时吴晓宏从一间30余平方米的套房办公室搬进了一间面积约17平方米的办公室。然而9个月后,认为"风声已过"的吴晓宏,在没向主要领导汇报

---

① 刘芳源.《问责条例》背后的案例故事(二):高悬问责利剑 加强党的建设[Z/OL].中央纪委国家监委网站.[2016-07-23].https://www.ccdi.gov.cn/toutiao/201607/t20160721_124930.html.

的情况下，又搬进了这间31.5平方米的大办公室。

被清理后重新搬回超标准办公用房，这种现象在该县其他单位有没有？调查人员了解到，西和县疾控中心主任谢小虎也在清理办公用房后离开了50平方米的原办公室，可一年多以后又搬了回去，县农技中心主任陈永禄也存在类似违纪行为。而该县文化体育局为应付检查，将分别拥有25平方米办公室的四名干部的办公用房面积都谎报为12平方米。被下发通知要求整改后，只是在这4名干部的办公桌上加上其他职工的岗位牌，企图蒙混过关。

西和县纪委共发现该县多家单位7名干部存在办公用房超标问题，分别给予这7人党内警告、党内严重警告等相应处分。

事情到此并未结束，西和县委副书记辛晓宏和县纪委副书记、监察局局长安文辉，作为办公用房清理工作领导小组组长和办公室主任，履行党风廉政建设主体责任、监督责任不力，对清退超标准办公用房工作重视程度不够，监督检查覆盖面不广，对整改情况没有跟踪督查，没有及时发现瞒报、谎报问题，对苗头性、倾向性问题约谈和批评教育不够。2015年5月，陇南市纪委对辛晓宏、安文辉进行问责，给予二人党内警告处分。

推进党建设新的伟大工程，作风建设是"先手棋"。抓作风建设一丝都不能放松、一刻都不能停顿。党中央把问责作为从严治党的利器，坚持失责必问，问责必严，以问责倒逼责任落实。各级党组织和党的领导干部要始终绷紧作风建设这根弦，发现问题及时纠正，持之以恒落实中央八项规定精神，防止党的建设缺失，作风建设流于形式，不断提高党的建设科学化水平。

二、知识链接

链接1

制度建设要谨防"牛栏关猫"①

2014年10月8日,习近平出席党的群众路线教育实践活动总结大会并发表讲话。在谈到制度治党时,他说,制度不在多,而在于精,在于务实管用,突出针对性和指导性。如果空洞乏力,起不到应有的作用,再多的制度也会流于形式。"牛栏关猫"是不行的!

"牛栏关猫",多么形象生动、浅显易懂,却又富有哲理、一语中的。生活经验告诉我们,牛栏是用来关牛的,用来关猫必不靠谱。栅栏看似粗大结实,却架不住空隙太大,八面漏风,小巧矫捷的"猫"只要闻到外面的"荤腥",便可畅通无阻地窜出去。这样一来,关"猫"的目的是很难达到的,牛栏也就成了摆设。这是从表面上来看的,如果从寓意上来理解,则集中反映了"制度缺位""制度虚设"的问题。

我们常说这么一句类似口头禅的话:"制度是死的,人是活的。""牛栏关猫"关不住,其实不在于"猫儿"狡猾、贪婪,而在于"牛栏"太宽、太空,在于人们看管不严、执行不力。因此,防范"牛栏关猫"发生,必须要加强制度建设,让制度要像钢板一样有"密度"、像钢铁一样有"硬度"、钢刀一样有"利度","使制度成为硬约束而不是橡皮筋",切实建起细密、结实的"篱笆",使"猫儿"无缝可钻、无处可逃。

---

① 吴展团.制度建设要谨防"牛栏关猫"[Z/OL].人民网.[2014-10-23].http://cpc.people.com.cn/pinglun/n/2014/1023/c373193-25894215.html.

链接2

莫把制度当"稻草人"摆设①

各项制度制定了,就要立说立行、严格执行,不能说在嘴上,挂在墙上,写在纸上,把制度当"稻草人"摆设,而应落实到实际行动上,体现在具体工作中。

现在执行制度难,主要原因是一些干部当"老好人",不愿得罪人,你好我好大家好,不讲原则讲人情,不讲党性讲关系,甚至批评也变成了变相的表扬。开展积极的批评与自我批评是事业的需要,是对干部的爱护,是党内政治生活的一种方式。批评的目的是促使当事人改正缺点和错误,其他同志引以为戒。如果批评不得,听不进不同意见,我们的事业还怎么进行?说到底,当"老好人"和批评不得,是个人私心杂念在作祟,这也是一种不正之风,是机关效能建设要努力解决的一个问题。

链接3

谨防"破窗效应"②

"要让每一个干部牢记'手莫伸,伸手必被捉'的道理。""对腐败分子,发现一个就要坚决查处一个。""不能搞特殊、有例外,使党的纪律真正成为带电高压线。"习近平总书记日前在十八届中纪委三中全会上如是强调,让广大民众对惩治腐败充满信心和期待。

"破窗效应"理论告诉我们:如果一扇窗户玻璃被打破又得不到及时修理,别人就可能受到暗示性的纵容去打烂更多的窗户玻璃。惩治腐败

---

① 习近平.之江新语[M].杭州:浙江人民出版社,2007:71.
② 李长跃.谨防"破窗效应"[N].湖南日报,2014-02-01(03).

也是如此,如果有人"伸手"却没有"被捉",如果因为腐败较轻而不加惩处,既会助长贪腐者的侥幸心理,也极有可能纵容别人去重复"同样的故事",出现"一人违纪,众者随之"的现象,产生"千里之堤,毁于蚁穴"的恶果。只有坚决防止"破窗效应",惩治腐败才能常态长效。那么,又该如何防止呢?

绷紧"警醒之弦"是前提。有的人认为自己只要不犯大错误,不搞大腐败,偶尔得点小实惠无伤大雅。然而,小洞不补,大洞难堵;小节失守、大节难保。当第一次打开贪欲之门、伸出贪腐之手,投其所好者就会蜂拥而至,使其越陷越深,最终演绎"苦难的童年、奋斗的青年、上升的中年、悲惨的晚年"悲剧。俗话说,苍蝇不叮无缝的蛋,打铁还需自身硬。时刻绷紧警醒之弦,牢记崇高的理想信念,才不会被贪腐之心"绑架"、被糖衣炮弹"俘虏"。

扎密"制度之笼"是保障。腐败往往与公权相连,具有顽固性、反复性,很容易抓一抓就好转、松一松就反弹,还是制度靠得住些。只有把权力关进制度的笼子里,靠制度管人、管权、管事、管钱、管物,才能常态长效。然而,如果制度用词模糊、规定笼统,同样给人留下钻空子的空间、留下打擦边球的机会。唯有尽量细化量化、科学严谨,尽量把制度"笼子"扎得密一些、紧一些,既关得住老虎又飞不走苍蝇,才能避免"牛栏关猫"的现象。

高扬"惩处之剑"是关键。"扫帚不到,灰尘照例不会自己跑掉。""前腐后继"之所以反复上演,就是因为有太多的"下不为例",使制度成了只吓唬麻雀的"稻草人",进而形成"破窗效应"。给制度"笼子"通电,杜绝执行上的"黑洞",对越"红线"、闯"雷区"的腐败行为"零容忍",坚持老虎、苍蝇一起打,发现一起、查处一起,才能打消某些人的侥幸心理。

今日中国,贪腐可谓"全民公敌"。在全面深化改革的时代潮流中,坚决防止"破窗效应",打好反腐这场硬仗,让廉洁清风与改革新风互相激荡，中国号巨轮一定能驶得更稳、行得更远。

参考文献

1. 习近平.习近平谈治国理政 第2卷［M］.北京：外文出版社，2017.
2. 习近平.习近平谈治国理政 第3卷［M］.北京：外文出版社，2020.
3. 中共中央宣传部.习近平新时代中国特色社会主义思想学习纲要［M］.北京：学习出版社、人民出版社，2019.
4. 中共中央宣传部.习近平新时代中国特色社会主义思想三十讲［M］.北京：学习出版社，2018.
5. 中央党校（国家行政学院）.习近平新时代中国特色社会主义思想基本问题［M］.北京：人民出版社、中央党校出版社，2020.
6. 张英伟，公茂虹.全面从严治党永远在路上［M］.北京：中国社会科学出版社，2019.

专题二

人民当家作主
——坚持和发展中国特色社会主义民主政治

一体化设计目标及思路

我国是工人阶级领导的、以工农联盟为基础的人民民主专政的社会主义国家,国家的一切权力属于人民。必须坚持人民主体地位,坚定不移走中国特色社会主义政治发展道路。本专题遵循思想政治工作规律、教书育人规律、学生成长规律,本着循序渐进、螺旋上升的大中小学思政课一体化教学理念,按照小学段"身边民主"——启蒙民主意识、初中段"中国特色社会主义民主政治的制度架构"——认识制度体系、高中段"中国特色社会主义民主政治的制度优势"——增强制度认同、大学段"中国特色社会主义政治发展道路"——坚定制度自信的逻辑思路进行整体教学设计。通过一系列符合各学段学生心理认知发展特点的教学活动,让学生对中国特色社会主义制度有正确的认识、真切体会到中国特色社会主义制度的优势,深入理解中国特色社会主义政治发展道路的历史逻辑、理论逻辑和实践逻辑,始终坚持中国特色社会主义民主,在未来成为推进国家治理体系和治理能力现代化的中坚力量(见图2-1)。

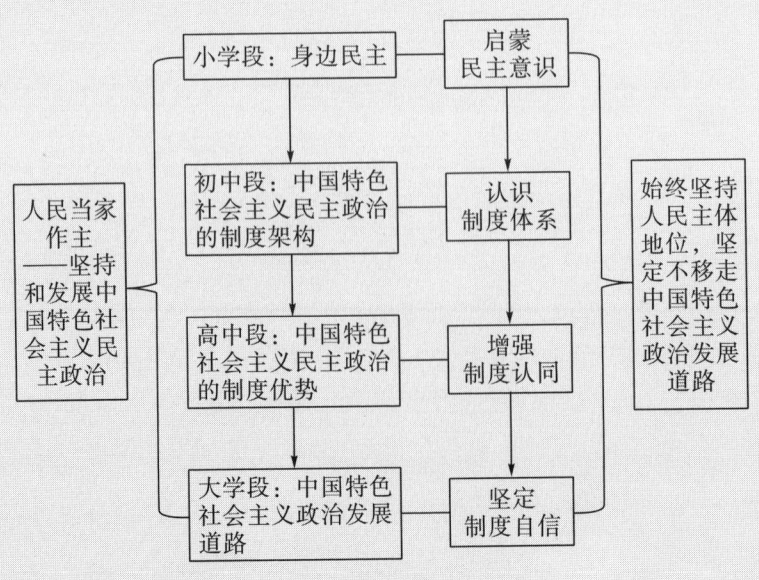

图2-1 专题二一体化设计目标及思路

小学段：身边的民主

教学目标

以育人为根本、以学生为主体，通过构建校园民主生活环境，让学生在活动中感受民主，从而启蒙学生的民主意识。

教学内容

创新开展学校小干部公选活动，让学生初步体验校园民主生活，包括了解选举权和被选举权是公民的基本权利、民主选举的方式和流程，体验校园生活的分工协作和民主管理等内容。

教学重难点

1. 教学重点。
学校小干部公选活动的策划与组织。

2. 教学难点。

在组织学生体验"全民参与，民主选举"的过程中，培养学生的民主意识。

学情分析

小学阶段的少年儿童好奇心强，善于模仿学习、故事学习、同伴互助学习，具有极强的可塑性。在小学阶段，自主体验式的活动教学比经验传递式的讲授教学更受欢迎、更具实效性。同时，小学生的表现欲较强，对体验活动和公共服务的参与热情很高。通过设计适合小学生特点的、校级层面的思政教育活动，构建学生民主生活的体验场，能提升小学生的自主体验学习效果，让其能在实践活动中去感受民主，启蒙民主意识。

设计思路

1. 设计理念。

通过构建全方位的学生校园民主活动空间，给学生创造一个共享的"模拟城市"，使学生能在"城市生活"中学习民主、体验民主。

2. 思维导图（见图2-2）。

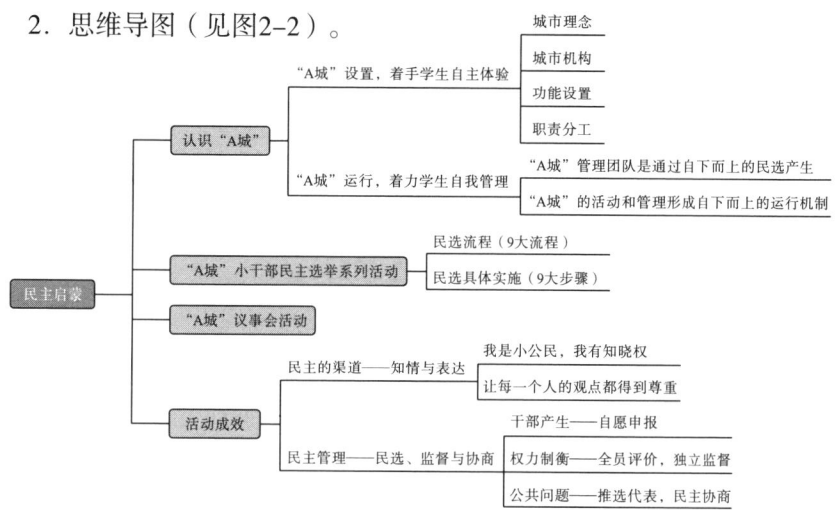

图2-2 专题二小学段思维导图

实施方案

一、认识"A城"

（一）"A城"设置，着手学生自主体验

某校开展校本少先队创新研究，从"在活动中体验，在体验中成长"的思路出发，创立模拟城市"A城"。"A城"从创建机构、设置部门、公共服务、特色活动入手，全方位囊括了学生的校园公共生活，为学生搭建起一个自主活动、体验成长的综合性平台。

1. 城市理念。

"A"——26个英文字母的起始字母，寓示起点；"A"是等级评定中的第一等，寓示一流。

"A城"——一座具有现代气息的模拟城市，每一个学生都是这个城市的市民，全程参与体验城市的创建和管理工作。

2. 城市机构。

"A城"机构设置如图2-3所示,一级机构——三个中心,二级机构——六个部门,三级机构——四个团队、九个频道、六个社区。

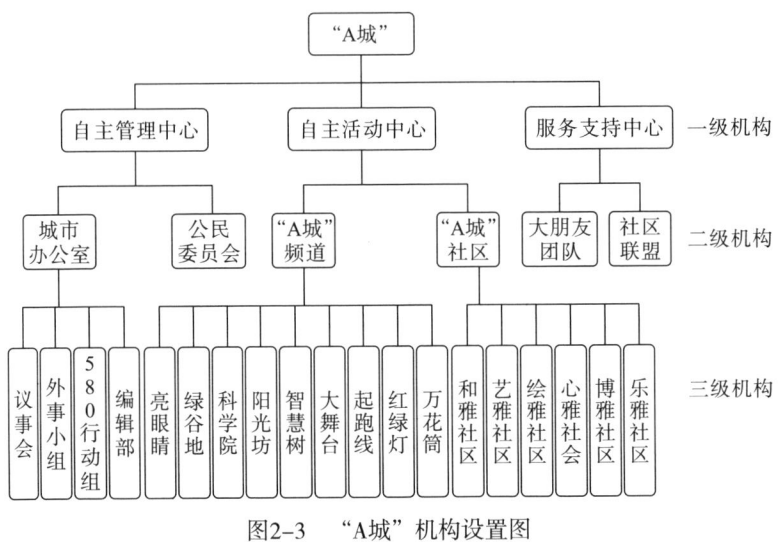

图2-3 "A城"机构设置图

3. 功能设置。

(1)一级机构:自主管理中心——设置民选管理团队,开展城市自主管理;自主活动中心——运营城市频道,管理社区、策划组织社区活动;服务支持中心——指导"A城"活动,服务"A城"建设。

(2)二级机构:城市办公室——城市运转和活动管理;公民委员会——组建团队,组织选举;"A城"频道——开展品行养成自主活动;"A城"社区——开展团队互动,异龄沟通;大朋友团队——全程指导"A城"活动;社区联盟——全面支持"A城"活动。

(3)三级机构:四个团队、九个频道、六个社区的功能如图2-4至2-6所示。

专题二 人民当家作主

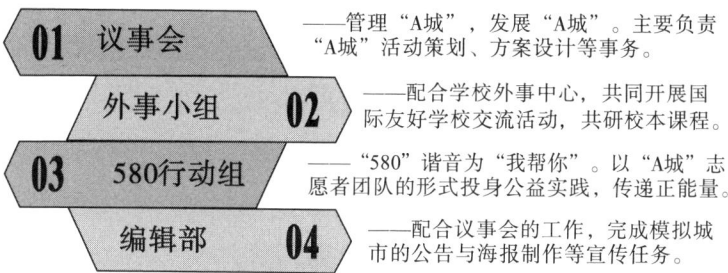

01 议事会 ——管理"A城",发展"A城"。主要负责"A城"活动策划、方案设计等事务。

外事小组 02 ——配合学校外事中心,共同开展国际友好学校交流活动,共研校本课程。

03 580行动组 ——"580"谐音为"我帮你"。以"A城"志愿者团队的形式投身公益实践,传递正能量。

编辑部 04 ——配合议事会的工作,完成模拟城市的公告与海报制作等宣传任务。

图2-4 四个团队功能图

我的班级属于_____社区(圈出所在班级和社区)

社区	和雅社区	艺雅社区	绘雅社区	心雅社区	博雅社区	乐雅社区
班级	1.1班	1.2班	1.3班	1.4班	1.5班	1.6班
	2.1班	2.2班	2.3班	2.4班	2.5班	2.6班
	3.1班	3.2班	3.3班	3.4班	3.5班	3.6班 3.7班
	4.1班	4.2班	4.3班	4.4班	4.5班	4.6班
	5.1班	5.2班	5.3班	5.4班	5.5班	5.6班
	6.1班	6.2班	6.3班	6.4班	6.5班	6.6班 6.7班

——六大社区的建构,打通了年级的壁垒,为模拟城市跨学段体验活动("以队带童"主题队前教育、学长伴读主题活动、雅园易物会等)的开展创造了条件

图2-5 六个社区功能图

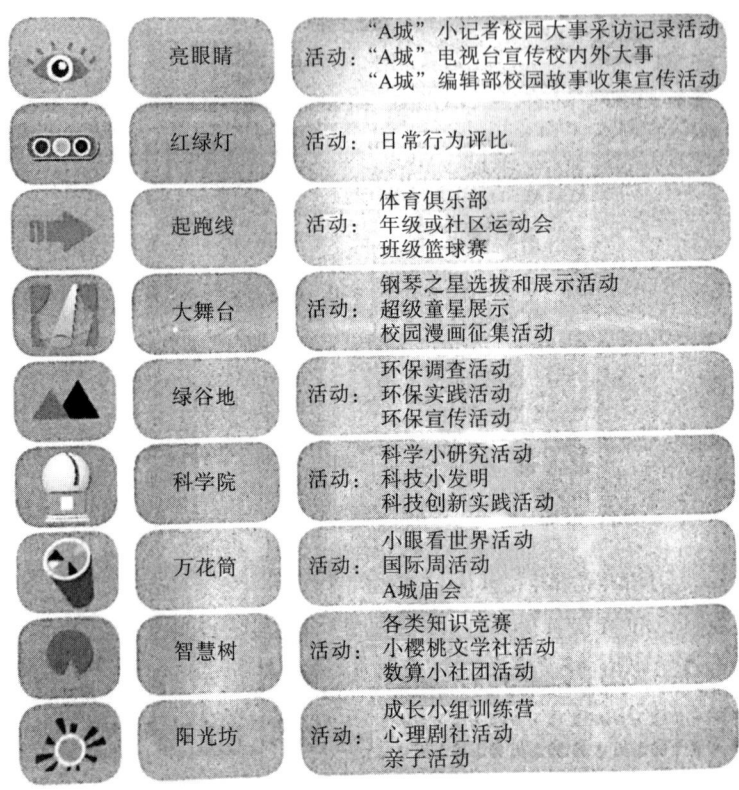

图2-6 九个频道功能图

4. 职责分工（见图2-7）。

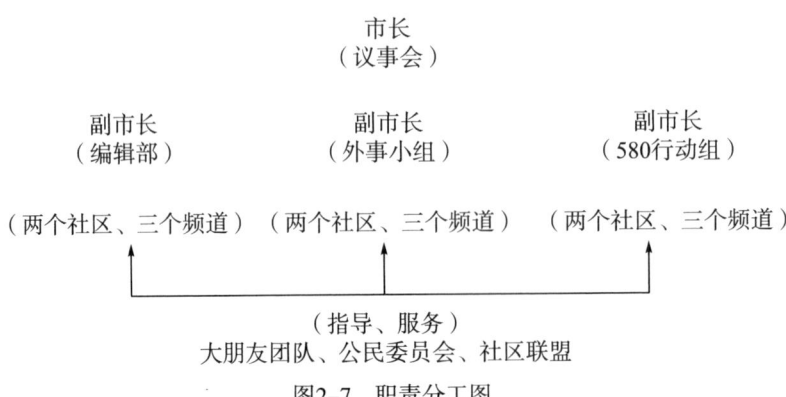

图2-7 职责分工图

模拟"A城",从城市架构和功能设置上确保了学生对城市建设与管理、活动策划组织的主体地位,奠定了学生自主活动、体验成长的民主生活基础。

(二)"A城"运行,着力学生自我管理

"A城"有着一套自下而上的运行系统,可实现学生的自我管理。

1. "A城"管理团队是通过自下而上的民选产生。

自主管理中心的公民委员会,由全校各班代表组成,每年九月,将组织开展"A城"的全民选举,通过公平、公开、公正的全民选举,组建全体"A城"市民信赖的管理团队,实施城市自主管理和自主服务。

2. "A城"活动策划实施流程。

每学期、每月、每周,"A城"都会开展丰富有趣的活动,有的是遵循惯例的活动,有的是充满创意的主题活动。通过关注城市生活,聚焦"A城"发展,"A城"形成了一套完整的活动策划实施流程:

机构(团队、频道、社区)负责人调研形成活动初案——"A城"城市办公室讨论形成定案——招募活动成员——频道组织活动实施——参与市民自主填写手册,记录活动过程——利用市民手册完成自主评价

"A城"的管理及活动策划实施工作,在充分尊重"A城"民意、满足城市发展需要的基础上展开,从机制上力保学生全过程的自主参与和自我管理。

二、"A城"小干部民主选举系列活动

（一）民选流程

宣传（全校开展民选动员）——海选（笔试、自主申报）——复试（面试）——拉票（演讲）——决赛（展示PK，大众投票）——入围（团队签订服务承诺书）——试用期（全民满意度调查）——定岗（双向选择），如表2-1所示。

表2-1　民选流程参考表

流程项目	时间	地点	组织者
宣传	9月初	全校	"A城"自主管理中心
海选	9月14日	三年级一至六年级各中队、少先队队室	各中队辅导员
复试	9月17日—22日	学校博雅书馆、学术厅、少先队队室	"A城"大朋友团队
拉票	9月23日—27日	全校各中队（除自己中队）	全校教师
决赛	9月28日	学校学术厅	"A城"自主管理中心
入围	9月30日	少先队队室	"A城"自主管理中心
试用期	10月	全校	"A城"自主管理中心
定岗	11月	全校	"A城"自主管理中心

（二）民选具体实施

1. 宣传环节。

由"A城"自主管理中心通过广播、海报张贴等方式进行全校宣传，各中队辅导员辅助宣传。教师们在教学中注意对学生进行民主意识的培养，让"小公民们"能够初步感知民主的含义。

2. 海选环节。

三年级至六年级全体学生采用笔试形式自主申报答题，一年级和二年级的学生在评比环节参与投票和监督，如图2-8至2-9所示。再由中队辅导员从各中队选出10—20名善于创新、乐于服务、勇于实践的小公民进入复试环节。

海选环节的笔试题目由上一届"A城"议事会讨论拟定，并结合"A城"的发展及活动需求进行优化完善。

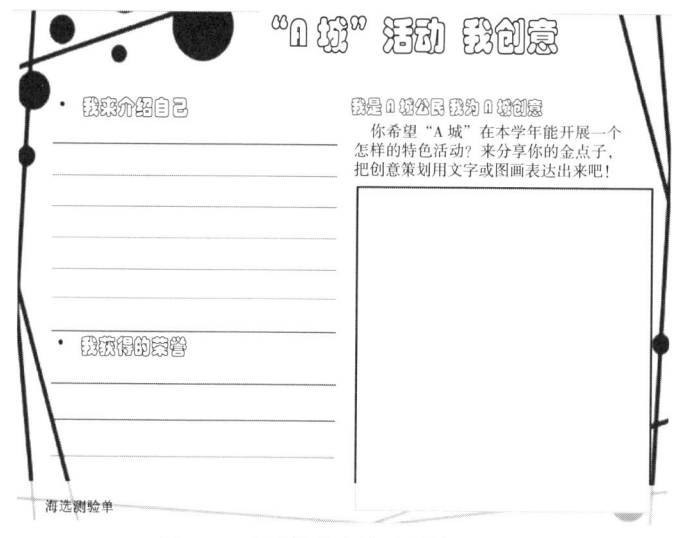

图2-8　小干部公选笔试题单（一）

图2-9　小干部公选笔试题单（二）

3. 复试环节。

成功进入复试环节的小干部候选人将根据年级分段参与各不相同的结

构化面试，如图2-10所示。参加面试的候选人在评委（由"A城"大朋友团队组成）处随机抽得面试问题后，需在5分钟之内完成应答准备。评委根据候选人的责任感、创新力、口语表达能力等综合素质决定进入下一环节的人员名单。

> **某校2020—2021届小干部公选（三四年级面试问题）**
>
> 1. 对学校小干部而言，学习成绩、工作能力和遵守纪律三项都很重要，其中，你认为哪一项最为重要，请简述理由。
> 2. 如果你当选了学校小干部，当工作任务和学习计划发生冲突时，你会怎么办？
> 3. 有些同学获得雅币后，会把雅币作为纪念品保留，不用来兑换表彰卡和奖励，造成了雅币不流通的问题。你有什么办法能改变这种现象吗？
> 4. 为什么雅币不能兑换食物？请试着分析一下原因。
>
> **某校2020—2021届小干部公选（五六年级面试问题）**
>
> 1. 假如你看到一个同学在校园里乱扔垃圾，在你劝说无效情况下，你该怎么办？
> 2. 你参加过学校少先队哪些活动？谈谈你对我们学校少先队活动的看法和建议。
> 3. 如果你当选为大队长，谈谈怎么样组织好学生干部开展活动？
> 4. 红领巾作为少先队的标志，你如何组织和监管同学们随时戴红领巾呢？
> 5. 你觉得学习成绩、组织纪律、活动能力这三项对大队委而言，哪方面最为重要？原因是什么？
> 6. 你想邀请某一位老师担任一个比赛的评委，你怎样邀请这位老师呢？

图2-10 某校2020—2021届小干部公选面试问题

小资料："A城"小干部公选面试问题，从最开始的统一版本转变为现在分年级、分学情的版本，面试变得更加科学；从最开始的教师出题到现在的"A城"议事会讨论出题，让问题设计更加符合每一位小公民的诉求，能充分培养他们的公民意识；面试问题的随机抽取，让小公民们充分体验到民主、公平、公正。

4. 拉票环节。

成功晋级拉票环节的"A城"小干部候选人，到全校各班（除本班）通过演讲、才艺表演等方式进行拉票。依照选票票数排名，票数多的候选人将组成新一届"A城"小干部团队。

为了体现公平、公正、公开的原则，每位"A城"小公民都拥有一张当天有效的选票，每位小公民都有权利和义务为小干部候选人投票，同时进行民选监督。

拉票环节采用预约制，先由小干部候选人到各班进行预约，并在预约时间展示自己的创意观点或才艺，如表2-2所示。

表2-2 "A城"小干部候选人拉票时间表

日期	教学周	具体安排
2020年9月23日	第四周星期三	三年级小干部候选人拉票
2020年9月24日	第四周星期四	四年级小干部候选人拉票
2020年9月25日	第四周星期五	五年级小干部候选人拉票
2020年9月27日	第四周星期日	六年级小干部候选人拉票

小资料：选票从最开始的每班拥有5张到现在每位选民都拥有1张，彰显了全民参与的特点，全民拥有选举权，彰显了广泛性；选票从最开始的每人仅有1张到现在每天1张，避免了"A城"市民将其他年级选票囤积起来集中投给本年级候选人的情况发生，彰显了公平性；选票从最开始的一个版本到现在每天有不同版本，避免了恶意复制选票干扰公选秩序的情况发生，彰显了公正性。

5. 决赛环节。

"A城"管理中心组织小干部候选人在全校师生面前展示自己的特长。家长代表、学生代表、教师代表和社区代表根据小干部候选人的综合能力进行现场投票，新一届"A城"小干部由此产生。

6. 入围环节。

新一届的"A城"小干部将在"A城"议事厅进行少先队会议，并签署履职承诺书，如图2-11所示。

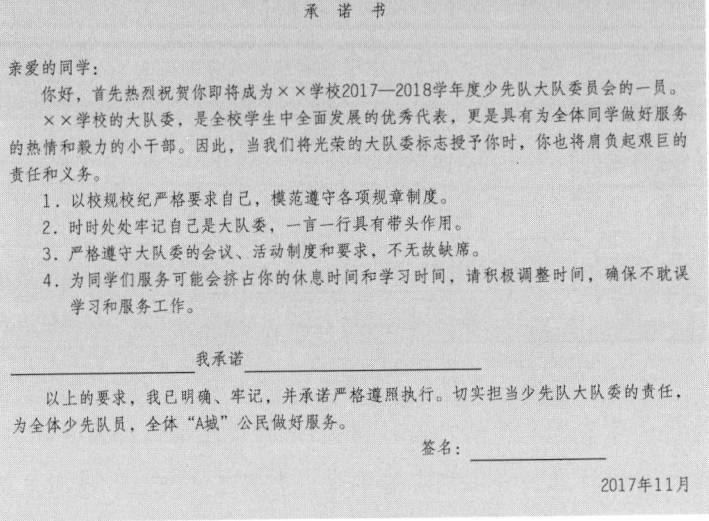

图2-11 "A城"小干部履职承诺书

7. 试用期。

在"A城"管理中心的组织下,"A城"小干部将进行为期一个月的岗位试用,培养小干部的服务意识、责任意识和组织观念,为未来的城市管理及民众服务工作打好基础。试用期满后根据小干部们的意愿和特长进行定岗。

8. 定岗环节。

"A城"小干部在全校师生的见证下,宣誓就职,任职期一年。小干部当众承诺任职期间,履行自己的责任和义务,为"A城"民主生活的创建和完善提供智慧,并起到引领示范作用。"A城"的全体小公民有权利和义务对小干部的工作进行监督。

三、"A城"议事会活动

"A城"从创建至今，几经提档升级，在这样的过程中，无论是"A城"的组织架构调整还是城市发展计划制订，都通过议事会面向全体市民征集意见，在全民参与和民主讨论当中，形成决议。一般流程为："A城"信箱收集民意——议事会整理形成议案——海报招募议事会参与成员——城市办公室组织召开专题议事会——专题议事会研究讨论议案——形成定案——提交城市办公室及相关机构实施（可根据具体事项进行流程修改）。

案例

春游去哪里，我来提建议

"春暖花开的季节，春游活动在哪里进行？"在"A城"，春游活动的地点由全体"A城"公民决定。"A城"民意调查机构向公民发放调查表，完成推荐；三天后，民意调查机构召开议事会议。在具体实施过程中，依照"各年级分班陈述——年级推荐两个候选地——年级代表陈述推荐——全民投票——票数统计——结果公示"流程，推选出本期的春游地点。

四、活动成效

（一）民主的渠道——知情与表达

学校公共生活是学校管理者、教师与学生共同参与的实践活动。人人平等是学校公共生活得以开展的前提。因此，每个参与者的观点都应得到尊重，每个人都有知晓公共事务的权利以及表达自己诉求的权利和渠道。

学校可创新开发《"A城"公民手册》，以漫画的形式生动地介绍"A

城"大小公共事务。通过手册，每一位公民都能够迅速地了解"A城"的公共设施和公共生活，知道应该通过什么途径寻求帮助，以及如何参与和管理校园公共生活。

"我是小公民，我有权知晓，有权表达意见"，这样的理念也贯彻在校园公共事务的方方面面。比如，设立"A城"信箱，由专门的小干部负责管理，将小公民来信转发到相关部门进行答疑解惑，并将结果及时反馈；成立民意调查机构，对与小公民相关的公共事件进行意见征询，或者对公共事务的效果进行评价性调查；与小公民日常校园生活密切相关的信息（如每周菜谱）尽量做到提前告知，同时建设畅通的意见传达通道；评奖推优等工作严格做到公平、公开、公正。

通过系列活动，让每一位"A城"公民对如何履行义务、享受权利以及对民主决议中的"少数服从多数""遵守共同决议的结果"等基本原则有了更深的感受。

（二）民主管理——民选、监督与协商

民主是贯穿小学思政教育的主线。在活动中，应该关注以下几点。

1. 干部产生——自愿申报。

每年9月开展校园民主选举活动，本着"全民参与，民主选举"的原则，通过协商、民主投票，由公民委员会确定"A城"小干部选举流程。小公民们根据自己的兴趣选择竞聘岗位并报名。在选举期间，通过参选者的拉票以及候选人信息的公示，让"A城"公民们能够充分地了解候选人情况，最终投下神圣的一票。

在"A城"民选中，每位小公民的民主意识和活动参与能力均得到较大的提升。

2. 权力监督——全员评价、独立监督。

针对可能出现的贿选或"A城"管理过程中干部不认真履职、能力不足

等问题，一是设置民选委员会，对参选人员、投票者是否遵守民选的流程和规则等进行监督；二是成立民意调查机构，对竞选成功者是否认真履职进行考核和监督。这种评价与监督机制一定程度上有利于增强"A城"公民的权利与义务意识。

3. 公共生活管理——推选代表、民主协商。

设置议事厅，对"A城"公共生活进行管理，每月召开例会，议事代表们提出提案，进行协商，达成共识。在这个过程中，小公民们能够形成开放、包容的心态，同时也能锻炼沟通、反思、协作等能力。

作为一个"模拟小社会"，"A城"不断发展和完善，逐渐发挥引导"充分享受权利、积极履行义务、树立独立人格、关注公共利益、萌发公民意识"的作用，为其成长为社会合格公民打下坚实的基础。

初中段：中国特色社会主义民主政治的制度架构

教学目标

小学阶段已经对学生进行了民主意识的启蒙，学生初步认识了生活中的民主。初中阶段需要对学生进行有关民主的理论知识的介绍，让学生了解社会主义民主，从而增强民主意识。根据学生情况，结合高中教材《思想政治必修3·政治与法治》第二单元的相关知识，进行板块式梳理，形成相对完整的知识体系，便于学生全面、系统地了解我国的民主政治制度与民主政治生活，为高中阶段的学习奠定一定的知识基础。

教学内容

本专题涉及人民代表大会制度、中国共产党领导的多党合作和政治协商制度、民族区域自治制度、基层群众自治制度四个方面的知识。上述内容在初中《道德与法治》教材中主要体现在八年级下册第五课"我国基本制度"，九年级上册第三课"追求民主价值"、第七课"中华一家亲"，内容较多且相对分散。

教学重难点

1. 教学重点。

了解我国的根本政治制度——人民代表大会制度，感受我国是人民当家作主的国家，国家的一切权力属于人民。

2. 教学难点。

了解中国共产党领导的多党合作和政治协商制度、民族区域自治制度、基层群众自治制度是我国的基本政治制度。

学情分析

初中学生正处于性格塑造、价值认同、情感选择的重要阶段，也是基础教育的重要阶段。与政治认同、价值取向等相关的知识，通过体验、自省、内化的教育策略可以让他们更好地接受。

本专题内容政治理论性强，学生已拥有的储备知识少，因此他们理解起来有很大的难度。甚至有的学生会觉得自己年纪小，政治是大人的事，与自己无关。但作为当代中学生，熟悉自己国家的政治制度，懂得我国人民如何行使权力，具有良好的公民意识和民主意识，是其成为一个合格的现代公民必须具备的政治素质。

设计思路

1. 设计理念。

本专题设计立足于初中思想政治学科核心素养的要求，采用故事讲解、视频感知、交流探讨、历史回顾等基本教学方式，结合学生在班级、学校、家庭、社区等参与民主生活的实践，把理论教学与实践探究相联系，加深学生对中国特色社会主义民主政治的理解，让学生领悟到只有坚持中国特色社会主义政治制度，才能实现国家富强、民族振兴、人民幸福，从而培养学生的政治认同、理性精神和公共参与素养。

2. 思维导图（见图2-12）。

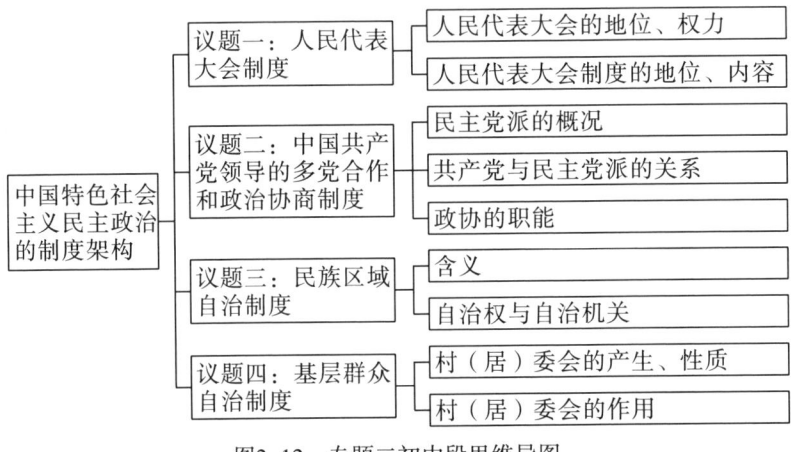

图2-12 专题二初中段思维导图

实施方案

通过资料呈现和学生活动，让学生初步了解人民代表大会制度是我国的根本政治制度，以及在此基础上建立的三大基本政治制度——中国共产党领导的多党合作和政治协商制度、民族区域自治制度、基层群众自治制度，从而对"社会主义民主政治"这一主题形成基本认识。

一、导入新课

教师以视频资料"厉害了，我的老代表"（参见"资源链接"视频1）切入，引导学生初步认识申纪兰这位连任十三届的全国人大代表，并引出主题——人民代表大会制度是我国的根本政治制度。

操作建议：教师展示视频"厉害了，我的老代表"，学生通过了解申纪兰的相关事迹（参见"资源链接"案例1），尤其关注她是如何当上人大代表的。教师点评并展示"申纪兰档案"，引导学生了解她是见证中华人民共和国人民代表大会制度不断完善的"活化石"，然后自然导入新课。

二、议题一：根本政治制度——人民代表大会制度

教师以2019年香港发生的暴力事件视频切入（参见"资源链接"视频2），结合2021年3月11日全国人民代表大会高票通过关于完善香港特别行政区选举制度的决定（参见"资源链接"案例2），引导学生了解全国人民代表大会是我国最高权力机关，具有最高决定权；通过视频"人民代表大会制度"的介绍，让学生学会区分人民代表大会和人民代表大会制度，引导学生通过阅读材料"十三届全国人大一次会议议程"，发现全国人民代表大会的重要性，师生共同总结出人民代表大会制度的基本内容；通过诵读宪法，再次强化学生对人民代表大会制度基本内容的认识。

（一）环节一

教师播放视频"香港各界强烈谴责暴力冲击事件"，展示材料"全国人大高票通过关于完善香港选举制度的决定"，并设计4个思考问题：

1. 香港暴力冲击事件的起因是什么？
2. 这次暴力冲击事件反映出哪些法律漏洞？
3. 为什么全国人民代表大会要通过这个决定？
4. 这个决定由全国人民代表大会通过，这说明了什么？

教师可以在学生观看视频之前提出前2个问题，让学生带着问题有针对性地在视频中寻找答案。学生回答前两段后，教师适当点评，并继续展示材料，提示学生根据材料回答第3题（第3题参考答案：这个决定是继制定

实施《中华人民共和国香港特别行政区维护国家安全法》后,国家完善香港特别行政区法律和政治体制的又一重大举措,确保爱国爱港者治港,有利于维护国家主权、安全、发展利益,保持香港长期繁荣稳定)。第4题对学生来说难度较大,学生可能无法直接得出答案,教师可以根据学生的回答得出"全国人民代表大会是我国最高国家权力机关,具有最高决定权"的结论。

(二)环节二

教师展示材料"图解人民代表大会制度六十年"(参见"资源链接"视频3),并设计2个思考问题:

1. 我国的根本政治制度是什么?
2. 人民代表大会是什么?人民代表大会制度又是什么?两者有什么区别?

第1题比较简单,学生可以在视频中直接找到答案。但是人民代表大会和全国人民代表大会制度是比较容易混淆的两个概念,对学生而言有一定的理解难度,需要先让学生有一些初步的认知,后续才能进行更进一步的理解。学生也可以在视频中找到第2题的答案,但教师还需用通俗易懂的语言对这两个概念进行讲解,以便学生充分学习。

人民代表大会是中华人民共和国的国家权力机关,包括全国人民代表大会;省、自治区、直辖市的人民代表大会;设区的市、自治州的人民代表大会;县,自治县,不设区的市、市辖区的人民代表大会;乡、民族乡、镇的人民代表大会。全国人民代表大会是我国最高国家权力机关,地方各级人民代表大会是地方国家权力机关。

人民代表大会制度是根据国家的一切权力属于人民和民主集中制的原则,按照法律程序,由选民在民主选举的基础上产生各级人民代表大会代表,组成地方各级和全国人民代表大会,即国家权力机关,并由国家权力机关产生其他国家机关，行使国家权力的政权组织形式。代表怎么产生？讨论哪些内容？各领域的改革要如何进行？人民对美好生活的向往怎么落实？国家领导人如何产生？这些都是人民代表大会制度所要保障的重要内容。

教师可以将本环节设计成小组竞猜，把全班学生分成几个小组，教师提问，学生抢答，以活跃课堂气氛，提高学生学习的积极性和主动性。小组竞猜后，教师对重点内容再次进行强调，进而导入对人民代表大会制度相关知识点的讲授。

知识点

①全国人民代表大会是我国最高国家权力机关。

②人民代表大会制度是我国的根本政治制度。

（三）环节三

教师展示材料"第十三届全国人民代表大会第四次会议议程"（参见"资源链接"案例4），并设计5个思考问题：

1. 你所了解的我国的国家机关有哪些？

2. 全国人民代表大会审议国务院、全国人民代表大常务委员会、最高人民法院和最高人民检察院的工作报告意味着什么？

3. 你是否知道国家的预算和决算？

4. 全国人民代表大会审查上一年度中央和地方预算执行情况和下一年度中央和地方预算草案的报告意味着什么？

5. 从上述议程中，你能发现人民代表大会制度的哪些内容？

教师引导学生通过阅读材料，发现全国人民代表大会的重要性：审议国务院、全国人大常委会、最高人民法院和最高人民检察院工作报告；审查上一年度中央和地方预算执行情况和下一年度中央和地方预算草案的报告；选举和决定任命国家机构组成人员等。学生讨论分享后，得出结论：

人民代表大会制度是我国的根本政治制度。

（四）环节四

教师设计活动，培养学生自学能力。

宪法诵读：教师通过组织学生认真诵读《中华人民共和国宪法》，引导学生关注宪法，增强宪法意识，强化"宪法规定国家的根本问题"的认知。教师展示《中华人民共和国宪法》第一章的第二条、第三条，让学生诵读并设计表格，呈现人民代表大会制度的基本内容：

①国家的一切权力属于人民；②人民通过民主选举选出各级人大代表，组成人民代表大会作为国家权力机关；③由人民代表大会产生国家行政机关、监察机关、审判机关、检察机关，这些国家机关依法行使各自的职权，并对人民代表大会负责，受人民代表大会监督；④实行民主集中制原则，重大问题经人民代表大会充分讨论，遵循少数服从多数原则，民主决定。

三、议题二：基本政治制度——中国共产党领导的多党合作和政治协商制度

2021年3月，全国两会期间，出现了很多热点问题——依法治国、乡村振兴、社会保障、基础教育等，这些与老百姓息息相关的问题却成了全国政协委员们关注的焦点。政协委员们提出了上千条提案，部分提案被提交至全国人民代表大会审议。针对初中学生对两会关注度不高，对当前国家政治制度和民主政治的熟悉度、认知度不够的实际，教师要引导学生认识我国的多党合作和政治协商制度是在中国共产党领导下，全心全意维护人民群众利益的一项基本政治制度。

（一）环节一

教师展示2021年3月3日中国共产党新闻网推出的"2021年全国两会各民主党派提案选登"专题报道，让学生阅读各民主党派中央拟提交全国政协十三届四次会议的部分提案（参见"资源链接"案例6）。

教师阐述：从提案看，各民主党派围绕中共中央和国家的重要决策部署，紧抓社会公众关心的重要民生问题，发挥自身优势，深入调查研究，提出了一系列意见建议，为党和政府科学决策提供了重要参考。自2015年起，人民网已连续七年策划推出"全国两会各民主党派提案选登"专题报道，发布各民主党派中央拟提交提案共计1400余件，平均每年多达200余件。在我国，参政议政是民主党派的重要职能。在人民政协的平台上通过提案对关系国计民生的大事提出意见建议，是民主党派履行参政议政职能的重要体现。

学生根据材料思考、讨论以下问题：

1. 怎么理解中国共产党与各民主党派之间的关系？
2. 民主党派在多党合作中发挥了什么作用？

设计意图：通过视频播放、新闻回看等方式，呈现全国两会期间，各民主党派向全国政协提交提案，以及分组讨论、交流的相关案例，让学生初步了解民主党派在多党合作中的职责职能，为进一步引出"各民主党派利用自身优势，在中国社会发展中发挥的作用"的知识点做好铺垫。建议在此学习过程中，先让学生从材料中收集、整理相关信息，从信息中得出初步结论，逐步引入，循序渐进。

知识点

①在多党合作的政治制度安排下，中国共产党始终处于领导和执政地位，对各民主党派在政治原则、政治方向和重大方针政策等方面进行领导，始终坚持"长期共存、互相监督、肝胆相照、荣辱与共"的基本方针。

②各民主党派的参政议政职责;他们发挥各自优势,紧扣国家中心工作,了解和反映社情民意,参与重大事项的讨论,为国家建设与发展建言献策。

(二)环节二

教师展示八大民主党派的基本情况,包括建立名称、时间地点、组成人员情况等(参见"资源链接"案例7)。学生通过对各民主党派的了解、认识,尤其是从各民主党派组成人员情况这条线索入手,进一步探究为什么各民主党派能够在多党合作中发挥积极作用。

在学习这个内容前,教师可以鼓励学生向身边的政协委员或民主党派人士了解相关知识。在课堂中,教师可以通过呈现具体事例、组织学生进行小组探讨等方式实现对该知识点的教学。

设计意图:通过这一环节的探究与学习,让学生理解:中国共产党领导的多党合作和政治协商制度这一基本政治制度不仅具有政治基础,更具有现实意义;各民主党派在推动中国民主政治、社会经济、科技科教、文化创新等诸多领域的发展具有举足轻重的作用,这种作用是其优势所决定的,我们不仅要尊重这种民主政治制度的存在,还要完善其组织,使其在社会主义现代化建设中发挥更大的作用。

知识点

①我国八大民主党派基本情况。

②民主党派不是执政党,而是我民主政治建设的一种重要力量,成员们主要是来自经济、科教、文卫等行业的知识分子,他们在参政议政中能畅所欲言,有时间、空间广泛开展调查研究,能专业、系统地思考国家、社会面临的一些问题,有利于推动社会主义民主政治、经济、社会、科技等各项事业的发展。

（三）环节三

教师阐述： 民主党派是人民政协的重要组成部分，人民政协因为各民主党派的参加，其地位和作用也大大提高。各民主党派应通过参加人民政协，发挥自身优势，在社会主义现代化建设中发挥更大的作用，才能让人民政协的三大职能得到更充分、更大限度的发挥。

建议教师在本环节采用情境教学法。

1. 情景一：可以呈现政协委员到学校调研基础教育发展中存在的相关问题的材料或视频，例如：关于义务教育阶段课后延时服务的问题、校外培训机构规范管理的问题、义务教育阶段招生的问题、我国农村留守儿童现状的问题等。

2. 情景二：播放某地推行阳光问政中邀请政协委员参与监督的视频。

3. 情景三：播放中国人民政治协商会议第十三届全国委员会第四次会议的相关视频，视频内容可以是全国政协委员讨论政府工作报告、全国人大代表的议案等。

设计意图： 通过三个情景的设计，让学生了解政协委员的主要职责是什么。

> **知识点**

政协委员的职责：①政治协商方面，密切联系群众，了解和反映群众的愿望和要求，参加政协组织的会议和活动；政协委员就国家和地方的重要问题在决策之前和决策实施之中进行协商。②民主监督方面，政协委员既可以通过提出意见、批评、建议等方式履行民主监督职能，也可以通过视察、参与工作检查等活动实现民主监督。③参政议政方面，政协委员就政治、经济、文化、社会生活和生态环境等方面的重要问题以及人民群众普遍关心的问题，开展调查研究，反映社情民意，进行协商讨论。通过调研报告、提案、建议案或其他形式，向党和国家机关提出意见和建议。

这里引入政协委员的主要职责这一问题的目的是为后一个环节做铺

垫，所以教师可以引导学生从中归纳总结，进而引出人民政协的三大职能这个核心问题。因此，教师没有必要一点一条地罗列，不然与后面一个环节会有重复。

（四）环节四

教师引导学生讨论：中国人民政治协商会议讨论政府工作报告与人民代表大会审议政府工作报告有什么不一样？

从中国人民政治协商会议第一届全体会议的召开到人民政协职能不断转变，我国民主政治不断完善和发展，这充分说明了中国共产党领导的多党合作和政治协商制度是人民民主的重要实现形式，是我国的基本政治制度。在这一环节中，教师要将政治协商制度与人民代表大会制度的知识点结合起来，可以利用表格的形式，对两种制度的性质、职能、产生方式等方面进行比较分析，让学生在比较中发现异同，从而更好地理解人民代表大会制度是我国的根本政治制度这一观点（见表2-3）。

设计意图：指出中国共产党领导的多党合作和政治协商制度是我国的基本政治制度，人民政协具有政治协商、民主监督、参政议政的职能，而人民代表大会制度是我国的根本政治制度，人民代表大会具有立法权、决定权、任免权、监督权。

表2-3 人民政协与人民代表大会的区别

名 称	区 别			联 系
	性质	职能	产生方式	
人民政协				
人民代表大会				

四、议题三：基本政治制度——民族区域自治制度

以视频"中国如何修建青藏铁路？为什么一定要修？耗时50年全线通车！"切入（参见"资源链接"视频4），让学生了解青藏铁路建设的必要性，引出"我国在各少数民族聚居地区实行民族区域自治制度"这一学习主题。学生分小组搜集五大少数民族自治区的相关信息。教师引导学生总结归纳出"少数民族自治区的政治、经济、文化得到迅速发展是与我国实行民族区域自治制度紧密相关"这一结论，继而解析民族区域自治制度的主要含义。从成都市少数民族概况切入，让学生了解民族区域自治制度是在各少数民族聚居的地区实行，引导学生理解实行民族区域自治制度的首要问题是建立民族自治地方，进一步分析民族自治地方的分类。通过展示关于西藏自治区行使自治权的四组材料（参见"资源链接"案例5），让学生明确民族自治地方的自治机关的自治权。

（一）环节一

教师播放视频"中国如何修建青藏铁路？为什么一定要修？耗时50年全线通车！"，提出4个思考问题：

1. 青藏铁路的修建耗时多长？是什么时候开始，什么时候竣工的？
2. 修建青藏铁路遇到了哪些困难？如何克服这些困难？
3. 中国为什么要修建青藏铁路？
4. 青藏铁路的修建说明了什么？

此环节对学生而言具有较强的吸引力，他们可以通过视频直观了解问题1、2，但对于后面2个问题可能仍不太清楚。教师可以让学生针对青藏铁路的建设意义开展小组讨论并进行全班分享，教师在学生分享后作出总结：青藏铁路全线开通，对改变青藏高原贫困落后面貌、增进民族团结、促进共同繁荣、推动青海与西藏经济社会发展均能产生广泛而深远的

影响。具体来说，青藏铁路的建设有利于促进西藏各产业的发展，优化西藏的产业结构，实现中国地区经济的平衡、协调发展；有利于西藏丰富资源的开发，发挥其资源优势；有利于降低进出西藏的货物运输成本，提高经济效益；有利于西藏的对外开放，加强西藏与其他地区的经济交流与合作；有利于西藏人民生活水平的提高和全国人民的共同富裕；有利于促进中国各民族的共同繁荣，进一步巩固平等团结互助的新型民族关系；有利于中国边疆的稳定、国家政权的巩固……

教师引出"我国在各少数民族聚居地区实行民族区域自治制度"这一学习主题。

（二）环节二

教师展示中国地图（没有作行政区划标示的简易地图），让学生在地图上标出我国的五个少数民族自治区，查阅资料完成表2-4，并向同学介绍。

表2-4 五个少数民族自治区资料汇总表

自治区	内蒙古自治区	新疆维吾尔自治区	宁夏回族自治区	广西壮族自治区	西藏自治区
成立时间					
我了解到的资料					

本环节可以设计成学生小组合作探究，教师将全班学生分为5个小组，每组学生负责收集1个少数民族自治区的相关信息，如全名、简称、首府、人口、成立时间、风俗习惯、发展状况等，并与全班同学分享。学生分享后，教师要根据学生所述，引导学生总结归纳出"少数民族自治区的政治、经济、文化得到迅速发展是与我国实行民族区域自治制度紧密相关

的"这一结论，概括民族区域自治制度的主要含义。

> **知识点**

①中华人民共和国是全国各族人民共同缔造的统一的多民族国家。我国宪法规定，各少数民族聚居的地方实行区域自治，设立自治机关，行使自治权。各民族自治地方都是中华人民共和国不可分离的部分。

②民族区域自治制度是我国的一项基本政治制度，也是我国解决民族问题的基本政策。

（三）环节三

教师展示材料"成都市少数民族概况"（参见"资源链接"案例3），并提出3个思考问题：

1．民族区域自治是不是不受国家统一的领导？

2．目前我国已经设立了1200多个民族乡（镇），它们是不是我国的民族自治地方？

3．民族自治地方有哪些？分几个层级？在整个国家中有着怎样的地位？

本环节从成都市少数民族概况切入，让学生感觉比较贴近生活，激发学生学习兴趣。针对思考问题，教师可以让学生通过小组讨论，在教师的引导下得出结论。第1个问题相对比较简单，而要让学生对第2个问题做出正确的判断，教师需要引导学生理解实行民族区域自治制度的首要问题是设立民族自治地方，教师进一步分析民族自治地方的分类，让学生明确自治乡（镇）是与乡、镇平级的行政单位，不属于民族自治地方。

> **知识点**

民族区域自治制度是在国家统一领导下，各少数民族聚居的地方实行区域自治，设立自治机关，行使自治权的制度。实行民族区域自治制度的首要问题是设立民族自治地方。我国民族自治地方分为自治区、自治州、自治县（旗）三级。民族自治地方享有双重地位：既是国家统一领导下的地方行政区域，又是国家统一领导下享有自治权的自治地方。

（四）环节四

教师展示案例"关于西藏自治区行使自治权的四组材料"（参见"资源链接"案例5），提出3个思考问题：

1. 民族自治地方怎样行使自治权？
2. 民族自治地方的自治机关是什么机关？它的职权与一般的地方国家机关有什么不同？
3. 什么是自治权？具体包括哪些内容？地位是怎样的？

本环节通过展示案例"关于西藏自治区行使自治权的四组材料"，首先让学生明确民族自治地方的自治机关是指民族自治地方的人民代表大会和人民政府。这个知识比较容易出错，教师要注意辨析。其次，教师要让学生了解自治权是民族自治地方的自治机关自主管理本民族自治地方内部事务的权力。这个知识点比较抽象，需要结合材料进行分析。

知识点

民族自治地方的自治机关是自治区、自治州、自治县的人民代表大会和人民政府，既行使一般地方国家机关的职权，又依法行使自治权。自治权是自治机关根据本地方实际情况，贯彻执行国家法律、政策，自主地管理本民族自治地方内部事务的权力。自治权包括立法自治权、变通执行权、经济自治权、文化管理自治权和其他自治权。自治权是民族区域自治制度的核心内容。

（五）环节五

教师展示少数民族自治区5种自治权名称和具体内容，学生根据上一环节所学内容进行连线，进一步巩固所学知识，如图2-13所示。

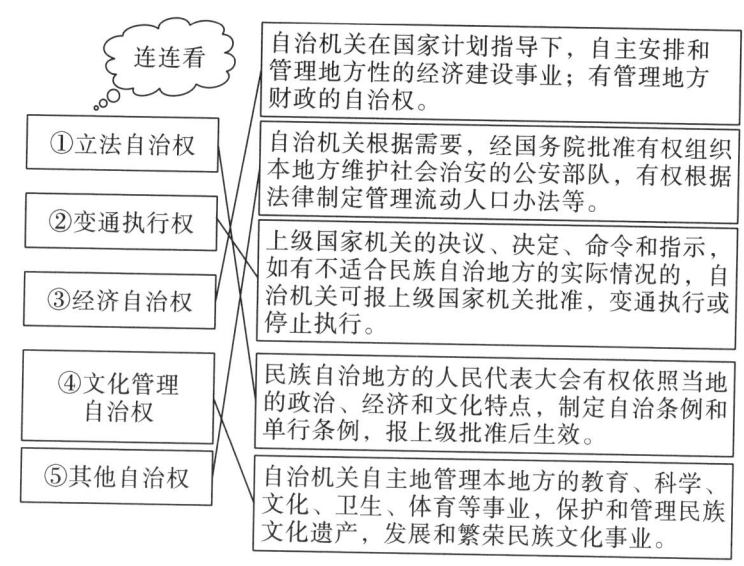

表2-13　少数民族自治区自治权名称及具体内容

知识点

①立法自治权是指民族自治地方的人民代表大会有权依照当地的政治、经济和文化的特点，制定自治条例和单行条例。自治区的自治条例和单行条例，报全国人民代表大会常务委员会批准后生效。自治州、自治县的自治条例和单行条例报省、自治区、直辖市的人民代表大会常务委员会批准后生效，并报全国人民代表大会常务委员会和国务院备案。

②变通执行权是指上级国家机关的决议、决定、命令和指示，如有不适合民族自治地方实际情况的，自治机关可以报经该上级国家机关批准，变通执行或者停止执行。

③经济自治权是指民族自治地方的自治机关在国家计划的指导下，根据本地方的特点和需要，制定经济建设的方针、政策和计划，自主地安排和管理地方性的经济建设事业；有管理地方财政的自治权。

④文化管理自治权是指民族自治地方的自治机关可以自主地管理本地方的教育、科学、文化、卫生、体育等事业，保护和管理民族文化遗产，

发展和繁荣民族文化事业。

⑤其他自治权是指民族自治地方的自治机关依照国家的相关制度和当地的实际需要,经国务院批准,可以组织本地方维护社会治安的公安部队;有权根据法律,制定管理流动人口办法等。

五、议题四:基层群众自治制度——人民民主最广泛的实现形式

基层群众自治制度是依照我国宪法和法律,由居民或村民选举产生居民委员会或村民委员会,实行自我管理、自我教育、自我服务、自我监督的制度。这与中国共产党领导的多党合作和政治协商制度、民族区域自治制度一样,是我国基本的政治制度。这一基本政治制度与学生的生活比较贴近,一是居民委员会(村委会)的换届选举、民主生活会、社区居民(村民)议事等为学生了解这一基层群众自治制度提供了便利,学生可以近距离观摩、感受;二是许多学生的家长有机会参与这样的民主生活,家长可以跟学生交流参与这些活动的情况;三是学校常常借鉴基层民主政治实现方式,并将其应用于学校的民主生活。因此,学生比较容易理解这一议题的知识点,教师在讲解中也可以列举学生熟悉的案例,便于他们学习。

(一)环节一

教师播放2021年春节联欢晚会小品《阳台》(参见"资源链接"视频5),让学生初步了解社区居民委员会在疫情防控期间为方便老百姓生活积极主动的作为,引出主题——基层群众自治组织的产生及职责。教师可以提出以下3个问题:

1. 居民(村民)委员会为什么要这样做?
2. 你所在的社区居民(村民)委员会是怎么产生的?
3. 他们的主要职责是什么?

要解决这3个问题，仅仅靠这段视频是不够的，教师要引导学生深入思考，也可以用其他相关视频加以说明，如2021北京卫视春晚北京人民艺术剧院的话剧《社区居委会》。此外，教师需要注意，虽然这3个问题是本议题的重点内容，但教师要把握好知识难度，尤其是"居民（村民）委员会的职责"这一知识点，只需要学生了解居民（村民）委员会的职责是什么，不必在这一环节中详细讲解怎么履行这些职责，该知识点在环节二进一步说明。

知识点

①居民（村民）委员会是根据我国宪法和《中华人民共和国城市居民委员会组织法》《中华人民共和国村民委员会组织法》的规定，以城乡居民（村民）一定的居住地为纽带和范围设立，并由居民（村民）选举产生。

②居民（村民）委员会是我国基层群众性自治组织，为人民群众服务，方便人民群众生活，解决居住地范围内的公共事务和公益事业方面的社会问题，如维护社区治安、保障公共卫生、调解民间纠纷、加强社会救济等。居民（村民）委员会的主要职责是进行居住地范围内居民（村民）的自我管理、自我教育、自我服务、自我监督。

（二）环节二

基层民主实践活动充分体现了我国人民当家做主的多种实现方式。为了让学生更直观地感受这种制度的真实性、广泛性等优势，教师可先准备相关居民（村民）自治的资料或反映基层民主治理不同形式的视频，引导学生关注基层民主。在资料或视频的选择中注意从人员组成广泛性、实践途径多样性、场地选择的科学性、运行程序规范性、事后监督的严肃性等予以全面体现。

学生讨论：我国基层群众自治是人民民主最广泛的实践，有哪些优势呢？

教师在学生讨论时要提醒学生讨论的角度和方向，可适时要求学生反复观看视频或阅读材料，如"村民说事制度"（参见"资源链接"案例8），从材料中挖掘信息。

教师还可以引导学生以"我是社区小小当家人"为主题，就社区的某个具体问题开展讨论活动，促进学生进一步思考如何汇集众人智慧，因地制宜、创造性地开展符合本地区的民主治理。让学生了解基层民主治理的多元形式，培养学生的民主参与意识。

设计意图：通过资料的展示，让学生了解"村民说事制度"实现村民参与村里事务决策、提高决策的民主化和透明度、增强村民主人翁意识的作用。让学生意识到基层民主自治可以由村民或居民根据本地区的实际情况，选择适合本地的基层民主治理形式，从中体现地方民主治理的智慧，认识基层群众自治制度是我国基层民主治理的一种创新实践，这样更有利于保障人民参与民主管理的权利的真正实现，也能让村民或居民进一步感受当家作主的民主真实性。

学生可以进一步结合城区生活实际，把社区居民（村民）自治与企业职工代表大会等联系起来，更全面地了解基层民主自治组织的全面性、参与对象的全员性，从而感知我国民主生活的真实性、广泛性。

知识点

我国的基层群众自治制度与人民群众的切身利益密切相关，能够直接反映人民群众的利益诉求。广大人民群众通过选举、决策、管理和监督直接行使民主权利，管理基层公共事务和公益事业，推动社会主义民主建设，促进社会和谐稳定。这使得民主参与具有直接性、真实性、广泛性和有效性。

考核评价

1. 知识评价：对本堂课涉及的基本内容和知识，通过课堂提问、课后练习测评等形式进行评价。

2. 过程评价：通过教学课时考查学生学习态度并对其评价；通过学生具体参与的日常民主生活（如班内民主生活、家庭实践过程、社区实践内容等）对其进行综合评价；通过对学生参与大队委、班委、团委、学生会等竞选活动的积极性对其进行综合评价。

3. 实践评价：由德育处进行，通过学生参与社会实践活动的积极性与效果，评价学生的参与意识、合作精神和责任担当。

4. 成长评价：综合上述方式，结合学校"评优评先"的制度及方案，对学生进行成长性结果评价。

资源链接

一、案例资源

案例1

人民代表申纪兰[①]

申纪兰，山西省长治市平顺县西沟村人。她很平凡，是中国千千万万妇女中的普通一员，也是黄土地上生养的亿万农民之一；她也很不平凡，作为一名全国人大代表，在从1954年至今超过60年的时光里，她一直在努力地为自己代表的妇女和农民争取权益。与共和国一起成长的她，不仅是中国人民代表大会制度的见证者，更是唯一一位出席从第一届到第十三届全国人民代表大会的人大代表，一位了不起的平民代表。

---
① 杨俊峰.人民代表申纪兰.［EB/OL］.（2018-03-01）.http://npc.people.com.cn/n1/2018/0301/c14576-29840433.html.

案例2

全国人大高票通过关于完善香港选举制度的决定[①]

2021年3月11日，十三届全国人大四次会议以高票表决通过《全国人民代表大会关于完善香港特别行政区选举制度的决定》。这是继制定实施《中华人民共和国香港特别行政区维护国家安全法》后，国家完善香港特别行政区法律和政治体制的又一重大举措。

会议认为，香港回归祖国后，重新纳入国家治理体系，《中华人民共和国宪法》和《中华人民共和国香港特别行政区基本法》共同构成香港特别行政区的宪制基础。香港特别行政区实行的选举制度，包括行政长官和立法会的产生办法，是香港特别行政区政治体制的重要组成部分，应当符合"一国两制"方针，符合香港特别行政区实际情况，确保爱国爱港者治港，有利于维护国家主权、安全、发展利益，保持香港长期繁荣稳定。

案例3

成都市少数民族概况

成都市是一个多民族杂居的城市，境内除汉族外，有55个少数民族成分，少数民族实有人口为36万人。在少数民族中，人口数位居前十位的有藏族、回族、彝族、羌族、土家族、满族、苗族、蒙古族、壮族、白族；有全国唯一的一个少数民族团体——成都市满蒙人民学习委员会。[②]

[①] 新华网.全国人大高票通过关于完善香港选举制度的决定.[EB/OL].（2021-03-21）. http://www.xinhuanet.com/video/2021/03/12/c_1211062635.htm.
[②] 成都市人民政府.民族宗教.[EB/OL].http://www.chengdu.gov.cn/chengdu/rscd/mzzj.shtml.

成都又是四川省的政治、经济、文化中心和交通、通信枢纽，是西南地区重要的中心城市。周边紧邻四川省的三个自治州（甘孜、阿坝、凉山），四个民族自治县（马边、峨边、木里、北川），有全国第二大藏族聚居区、最大的彝族聚居区和唯一的羌族聚居区。[①]

案例4

第十三届全国人民代表大会第四次会议议程[②]

一、审议政府工作报告

二、审查国民经济和社会发展第十四个五年规划和2035年远景目标纲要草案

三、审查2020年国民经济和社会发展计划执行情况与2021年国民经济和社会发展计划草案的报告、2021年国民经济和社会发展计划草案

四、审查2020年中央和地方预算执行情况与2021年中央和地方预算草案的报告、2021年中央和地方预算草案

五、审议全国人民代表大会常务委员会关于提请审议《中华人民共和国全国人民代表大会组织法（修正草案）》的议案

六、审议全国人民代表大会常务委员会关于提请审议《中华人民共和国全国人民代表大会议事规则（修正草案）》的议案

七、审议全国人民代表大会常务委员会关于提请审议《全国人民代表大会关于完善香港特别行政区选举制度的决定（草案）》的议案

八、审议全国人民代表大会常务委员会工作报告

---

① 政协成都市委员会文史资料委员会，成都市民族事务委员会，等.成都文史资料 第30辑 成都少数民族[M].成都：四川人民出版社，1997：3-4.
② 新华社.第十三届全国人民代表大会第四次会议议程.[EB/OL].（2021-03-04）.http://www.gov.cn/xinwen/2021-03/04/content_5590322.htm.

九、审议最高人民法院工作报告

十、审议最高人民检察院工作报告

案例5

关于西藏自治区行使自治权的四组材料[①]

材料一：西藏自治区立法机关可以根据授权，结合当地实际情况，制定实施国家有关法律的变通条例和补充规定。1981年，西藏自治区人大常委会从西藏少数民族历史婚俗等实际情况出发，通过了《西藏自治区施行〈中华人民共和国婚姻法〉的变通条例》，将《婚姻法》规定的男女法定婚龄分别降低两岁，并规定对执行变通条例之前已经形成的一妻多夫和一夫多妻婚姻关系，凡不主动提出解除婚姻关系者，准予维持。

材料二：与全国法定工作时间相比，西藏自治区结合西藏特殊的自然地理因素，规定职工的周工作时间为35小时。除了享有全国性法定节假日，西藏自治区机关还将"藏历新年""雪顿节"等藏民族的传统节日列入自治区的节假日。

材料三：《中华人民共和国宪法》及有关法律都赋予了西藏人民依法享有当家作主的民主权利。自西藏自治区成立以来，西藏人民积极行使宪法和法律赋予的选举权和被选举权，参加选举全国和自治区各级人民代表大会的代表，并通过人大代表参与管理国家和地方事务。2002年，在西藏的自治区、地（市）、县、乡（镇）四级换届选举中，全区有93.09%的选民参加了县级直接选举。在自治区和地（市）两级选出的人大代表中，藏族和其他少数民族占到了80%以上。

---

① 樊曦.西藏依法享有充分自治权.新浪网.[EB/OL].（2004-05-24）.http://news.sina.com.cn/c/2004-05-24/06332608036s.shtml.

材料四：自20世纪80年代初以来，中央政府根据西藏自治区的需要和要求，先后召开了四次西藏工作座谈会，就西藏经济和社会发展面临的突出问题制定了一系列特殊的优惠政策和措施。例如，1984年后，在西藏农牧区实行"土地归户使用，自主经营，长期不变""牲畜归户，私有私养，自主经营，长期不变"的政策，极大地调动了农牧民的生产积极性，使西藏农牧区生产和人民群众生活得到持续发展和提高。在税收方面，全国只有西藏一直执行比全国低3个百分点的税收优惠政策，而且对农牧民一直免收各种税费；在金融方面，西藏一直实行比全国低两个百分点的优惠贷款利率和低保险费率政策。此外，还对农牧民实行免费医疗，农牧民子女上学实行免费吃住等政策。

案例6

2021年度全国两会各民主党派的部分提案[①]

（1）经济·发展

关于加快"数智化"转型促进经济内循环的提案

关于巩固脱贫成果 促进乡村振兴的提案

关于加快提升产业链现代化水平的提案

（2）社会·法治

关于将儿童福利优先发展确定为国家战略的提案

关于完善我国劳动争议司法解决机制的提案

关于加强对住房租赁市场主体长效管理的提案

（3）教育·文化

关于推进"互联网+教育"扶贫的提案

---

① 中国共产党新闻网.2021年全国两会各民主党派提案选登.［EB/OL］.http：//cpc.people.com.cn/GB/67481/436818/index.html.

关于加强和改进教育评估工作的提案

关于推进农村中小学书香校园工程的提案

（4）科技·卫生

关于在新冠肺炎疫情常态化防控下以"宅经济"高质量发展稳就业的提案

关于促进科技创新型企业发展支撑科技自立自强的提案

关于推进医保制度改革的提案

（5）环境·资源

关于以河长制全面见效推进我国幸福河建设的提案

关于促进我国种业高质量发展的提案

关于土壤污染防治的提案

（6）海外

关于加强我国企业海外知识产权保护的提案

关于加强华侨文化遗产保护巩固海内外联系纽带的提案

案例7

八大民主党派[①]

名称	简称	成立时间及地点	组成人员情况
中国国民党革命委员会	民革	1948年，香港	以同原中国国民党有关系的人士、同民革有历史联系和社会联系的人士、同台湾各界有联系的人士以及其他人士为对象，着重吸收其中有代表性的中上层人士和中高级知识分子
中国民主同盟	民盟	1941年，重庆	从事文化教育以及科学技术工作的中高级知识分子

---

① 中华人民共和国中央人民政府.八大民主党派［EB/OL］.（2008-04-03）.http://www.gov.cn/test/2008-04/03/content_935826.htm.

续表

名称	简称	成立时间及地点	组成人员情况
中国民主建国会	民建	1945年，重庆	经济界人士
中国民主促进会	民进	1945年，上海	从事教育文化出版工作的中高级知识分子
中国农工民主党	农工党	1930年，上海	医药卫生界中高级知识分子
中国致公党	致公党	1925年，美国旧金山	归侨、侨眷中的中上层人士
九三学社	九三学社	1945年，重庆	科学技术界高中级知识分子
台湾民主自治同盟	台盟	1947年，香港	台湾省人士

案例8

村民说事制度①

第一，建立村党支部、村委会主要领导负总责，治调主任具体抓，指定专人或设立专班接待群众说事的工作机制。

第二，说事室每天由一名村"两委"成员带班。值班人员对说事人反映的问题或诉求能够当场答复的要立即办理，不能当场答复的要做好解释说明工作，做到热情接待，真正实现让群众有话能说、有气能出、有结能解、有难能帮的目的。

第三，说事室实施重大困难问题或复杂矛盾纠纷领导包案限期解决制度，对一时难以解决的重大困难问题或复杂矛盾纠纷，要立即书面报告乡镇党委、政府。

---

① 百度文库.村民说事制度［EB/OL］.https：//wenku.baidu.com/view/561a6516c5da50e2524d7f51.html.

第四，对已经解决的困难问题或矛盾纠纷，进行不定期回访，了解掌握情况，巩固调处成果。

第五，将领导包案工作列入政绩考核，与干部的选拔任用和奖惩挂钩，并由所在乡镇适时通报，确保不发生"民转刑"案件，实现社会平安和谐。

二、视频资源

1. 厉害了，我的老代表，http：//tv.people.com.cn/n1/2018/0301/c417691-29841972.html.

2. 香港各界强烈谴责暴力冲击事件，http：//tv.cctv.com/2019/07/03/VIDE4aglGu9FN9GnKa50ogdK190703.shtml.

3. 图解人民代表大会制度六十年，http：//www.china.com.cn/guoqing/zhuanti/node_7211962.htm.

4. 中国如何修建青藏铁路？为什么一定要修？耗时50年全线通车！，https：//haokan.baidu.com/v？vid=14185345918369092872.

5. 阳台，http：//m.news.cctv.com/2021/02/11/ARTIbpLmYWxcQgZ8q0PZ2GEQ2102 11.shtml.

高中段：中国特色社会主义民主政治的制度优势

教学目标

本部分内容在初中阶段已经有所涉及，高中阶段主要聚焦中国特色社会主义民主政治的运行机制及其优越性，让学生感受我国政治制度的优势。通过对政治生活素材的呈现，增进学生对我国民主政治制度及其举措的理解与认同，增强学生的责任担当意识；通过相关活动的设计，让学生了解政治参与的过程与方法，提高学生参与政治生活的能力；通过对现实问题的思考、讨论与分析，培养学生辩证思维能力、分析解决问题的能力、理性参与政治生活的能力和实践创新能力。

教学内容

本专题设计涉及的内容是高中教材《思想政治必修3·政治与法治》第二单元——人民当家作主，主要内容包括我国的国体（人民民主专政），我国的根本政治制度（人民代表大会制度），我国的基本政治制度（中国共产党领导的多党合作和政治协商制度、民族区域自治制度、基层群众自治制度）三大板块的内容。但本教学设计的重点并不在全面深入地讲解知识点本身，而是围绕"我国的民主政治"这一主题，整合教材知识，对我国的根本政治制度和基本政治制度的剖面进行贯通呈现，发挥政治的育人功能，让学生在感知、了解中国特色社会主义民主政治的基础上产生共鸣，并转化为参与政治生活的实际行动，从而培育学生的责任担当意识，增强其公共生活参与能力。

教学重难点

1. 教学重点。

让学生了解我国国家权力机关的运行机制，理解国家的法律和决定，都是通过人民代表大会，按照法定程序，将党的主张和政策、人民意志上升为国家意志而形成的。这一过程有着巨大的优越性。

2. 教学难点。

基层群众自治的内容，即村委会（居委会）是怎么进行自我管理、自我服务、自我教育和自我监督的，以及这一制度对保障人民民主的意义。

学情分析

高中阶段正是学生价值观初步形成的关键时期，学生对国家和社会已经有了一定的认知，但同时对是非的判断又带有强烈的感性色彩。为了使学生在今后的学习和生活中坚定信念、明确方向，这个时期帮助学生树立正确的价值观尤为重要。因此，政治课要通过不同的活动和方式，潜移默化地引导学生向上向善，帮助学生明确或修正自己的价值观，从而树立正确的人生观、价值观。

基于此，本次教学采用3种不同的教学方式，包括：①课前体验式教学，教师在课前布置相应的任务，让学生进行资料搜集或实践调研，提前体验、探究与课堂知识有关的内容；②课上案例分析教学，通过设置相应的教学情景和探究活动，鼓励学生在课上进行深入思考和合作探究，充分发挥教师的主导作用和学生的主体作用；③课后实践教学，组织学生参与一次相关政治实践或者为某种政治实践设计方案，鼓励学生把所学的理论知识应用于实际生活中。

设计思路

1. 设计理念。

整个教学内容按照"体验感悟—分析认知—实践参与—内化认同"的认知路径进行设计：第一，由感性材料导入，让学生通过材料或活动进行感知和体验，初步了解民主政治的形式；第二，通过对相关素材的理性分析来引导学生了解民主政治的内容和相关理论，从学理层面打破学生的认知障碍；第三，通过资源链接和相关活动设计，让学生进行模拟参与，在参与中深化对相关理论的理解并提升学生参与政治生活的能力；第四，通过相关考核评价环节对本阶段教学目标的达成情况进行检测，同时这也是深化学生认知、促进学生内化认同的重要形式。通过以上四个步骤的层层推进，让学生在对实际生活的观察与分析中理解和掌握知识，在自我选择和反思中升华认知、内化理念，在实际操作和实践体验中加强责任担当意识和政治参与能力。

2. 思维导图（见图2-14）。

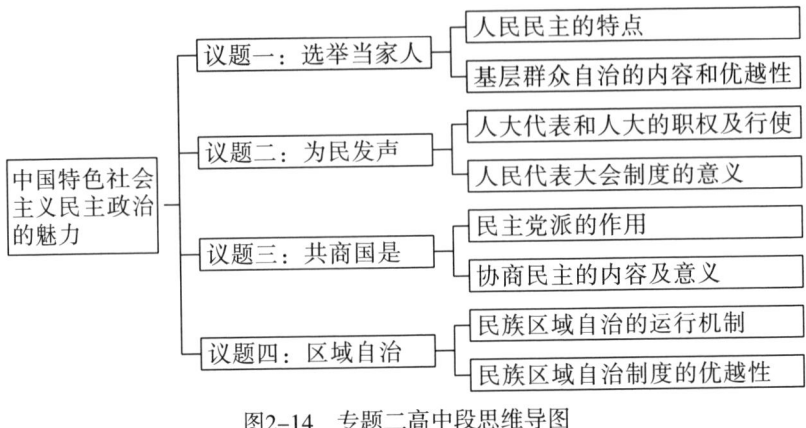

图2-14 专题二高中段思维导图

实施方案

一、导入新课

教师以古希腊露天剧场和油画《苏格拉底之死》的图片切入，展示古希腊公民对苏格拉底的审判，引导学生结合历史知识分析古希腊民主的本质及其局限性，并思考什么是真正的民主，从而导入我国的直接民主实践——基层群众自治（参见"资源链接"案例1）。

操作建议：

1. 教师展示古希腊露天剧场的图片，让学生猜一猜图片显示的地方是哪里、是用来干什么的，引导学生了解那里既是古希腊"民主"的象征，也是古希腊及其"民主"从精神上走向衰落的地方，而"衰落"源于在那里进行的一场审判。

2. 展示油画《苏格拉底之死》的图片，介绍"苏格拉底的审判"的历史典故，引导学生思考以下问题：古希腊"民主"的实质是什么？你怎样认识这样的"民主"？什么样的民主才是真正的民主呢？

二、议题一：选举当家人——直接的民主实践　基层群众自治

教师以视频"2020年成都市村（社区）换届工作公益宣传片"（参见"资源链接"视频1）切入，引导学生了解我国基层群众自治及当家人的产生过程和方式，以及这种产生方式的意义，从而理解社会主义民主是最广泛、最真实、最管用的民主；以M市着力打造的"有事好商量"基层协商议事机制为例，引导学生分析和探究村民自治的内容和形式，总结村（社区）是如何进行自我管理、自我教育、自我服务和自我监督的。

（一）环节一

教师播放视频"2020年成都市村（社区）换届工作公益宣传片"，并提问：

1. 我国村（社区）机构工作人员是怎样产生的？
2. 视频中对参选村（社区）机构工作人员提出的条件有何意义？说明了什么？
3. 对比古希腊的民主实践，分析我国社会主义民主有着怎样的特点？

教师在视频结束后给学生5分钟左右的时间就上述问题进行独立思考，然后选择学生进行全班交流。在学生交流完成后，教师进行点评和总结，并向学生展示教材内的相关知识点。

知识点

①村民委员会（居民委员会）成员是由村民（居民）直接选举产生的（注意村委会和居委会的性质）；选好配好基层群众自治组织成员有利于提升基层群众自治组织的治理能力，助推基层社会治理现代化。

②这说明社会主义民主是维护人民根本利益的最广泛、最真实、最管用的民主。

过渡：高质量选好配好村（社区）机构工作人员，为基层治理奠定了

人才基础，也为基层社会治理现代化的实现提供了重要保证。

（二）环节二

教师展示材料"村级议事规范 群众心里敞亮——青海乡村'议事会'助推基层民主决策（摘编）"（参见"资源链接"案例2），并设计探究活动，活动流程如下：

教师将班级学生以就近原则分成若干小组，每组6~8人。

教师提出要求：每组分别讨论并概括材料所述基层协商议事机制的运作过程，并分析该机制的积极意义。

学生在小组内进行合作探究，讨论过程中要求每个小组选出1位记录员，1位发言代表，且每个学生都应该在小组内分享自己的观点。

5分钟的讨论完成后，教师选择3个组的代表进行全班分享。

在学生分享结束后，教师对学生的回答进行点评（注意要以鼓励为主，保护学生学习的热情和积极性，同时又要具体指出学生在思考和表达上的不足），并归纳基层治理的内容和基层群众自治的意义。

知识点

①从选举、协商、决策、管理和监督五个方面总结基层治理的内容。

②基层群众自治的意义：发展基层民主有利于保障人民享有更多更切实的民主权利，是我国发展社会主义民主政治的重要内容和基础性工程；有利于扩大基层民主，是社会主义民主最为广泛而深刻的实践。

（三）环节三

为帮助学生深化认知、巩固所学知识，教师设计学生活动，详细要求如下：

利用课余时间去居住地的村委会（居委会）进行实地走访，了解居住地村委会（居委会）的人员构成、管理规章、正在进行的重大事务等内容。

将实地走访获得的信息记录下来，以墙报、PPT、课堂分享等形式与班内同学进行交流。

结合本课所学知识和自己居住地的实际情况，为居住地的村委会（居委会）换届选举设计实施方案。

过渡：我国基层群众自治组织的成员是由公民直接选举产生的，是直接民主实践的重要体现，也彰显了我国社会主义民主的优越性。

三、议题二：为民发声——我国的人民代表大会制度

教师以"申纪兰，让我们再次走近您"的视频（参见"资源链接"视频2）切入，引导学生结合教材知识说明人大代表的产生方式，初步了解人大代表与人民之间的关系；以申纪兰"处处以身作则 事事为了人民"素材为例，引导学生分析人大代表的权利和义务，深层次地理解人大代表与人民群众的关系；以2021年3月召开的十三届人大四次会议的议程为例，引导学生分析人民代表大会制度在我国政治生活中发挥的作用以及人民代表大会制度在运行中坚持的组织活动原则，通过这一分析最终理解我国人民代表大会制度的优越性。

（一）环节一

教师播放视频"申纪兰，让我们再次走近您"，并提问：

1. 申纪兰是怎么成为全国人大代表的？

2. 结合教材和播放的视频，说明我国各级人大代表分别是怎样产生的？

教师在视频播放完后给学生2分钟时间思考和查找相关知识点，然后请

几位同学分别回答上述问题。学生回答完毕后，教师及时进行总结和知识展示，说明人大代表是由人民直接或间接选举产生的，要代表人民切实履行好职责。

◆知识点

我国县、乡两级人大代表是由选区选民直接选举产生的；县级以上人大代表是间接选举产生的。

（二）环节二

教师展示材料"处处以身作则 事事为了人民"（参见"资源链接"案例3），并设计3个思考问题：

1. 结合材料和教材相关内容，说明人大代表有哪些职权？这些职权的切实行使有什么意义？

2. 申纪兰的履职故事告诉我们，作为人大代表应该怎样才能履行好自己的职责？

3. 结合材料和上面的分析，总结我国人大代表和人民之间的关系。

上述3个问题对学生来说有一定的难度，需要学生结合材料和教材相关内容进行归纳和转换，因此本环节可以设计成小组合作探究，具体形式和要求参考议题一的环节二。在学生分享交流后，教师要进一步分析我国人大代表和人民之间的关系，以进一步说明我国人民民主是最广泛、最真实、最管用的民主。

◆知识点

①人大代表的权利：出席本级人大会议权、审议权、表决权、选举权、提案权、询问权、质询权、罢免权等。人大代表行使权利时要协助宪法和法律的实施，与人民群众保持密切联系，听取和反映人民群众的意见和要求。

②人大代表由人民民主选举产生，对人民负责，受人民监督。

（三）环节三

教师展示材料"第十三届全国人民代表大会第四次会议议程"（参见"资源链接"案例4），并设计4个思考问题：

1. 为什么全国人大要审议国务院、最高人民法院、最高人民检察院的工作报告？这说明全国人大和其他中央国家机关之间是怎样的关系？这样的关系有何积极意义？

2. 第十三届全国人民代表大会第四次会议的10个议程分别体现了全国人大的什么职权？除此之外，全国人大还有什么职权？

3. 结合第十三届全国人民代表大会第四次会议议程，说一说民主集中制这一原则在我国政治生活中是怎样贯彻的？

上述4个问题涉及的主题与学生的生活有较大距离，学生很难直接做到从感性分析到理性认识的升华，因此建议教师将本环节设计为小组合作探究，具体形式和要求参考议题一的环节二。在学生分享交流后，教师要梳理展示人民代表大会的职权及其职权运行机制、民主集中制的表现、人民代表大会制度的内容等知识点，并引导学生通过上述分析去感知我国人民代表大会制度的优越性。

知识点

①人民代表大会是国家权力机关，其他国家机关由人民代表大会产生，对其负责，受其监督，这一关系有利于实现国家机关之间的协调高效运转。

②全国人民代表大会是我国最高国家权力机关；国家最高的立法权、决定权、任免权和监督权都由全国人民代表大会行使。

③人民代表大会制度的内容与优越性。

④民主集中制是人民代表大会制度的组织和活动原则，是民主基础上的集中和集中指导下的民主相结合的制度，主要表现在人民代表大会和人民的关系、人民代表大会与其他国家机关的关系、中央与地方国家机构的关系三方面。

（四）环节四

教师设计学生活动，提升学生公共参与能力。活动要求如下：

请根据自身实际，从下面两个活动任选一个进行。

1. 通过互联网查询我国"十四五"规划的制订过程，根据查询到的信息绘制我国重大事项决策制订流程图，同时结合"十四五"规划的制订过程说一说全国人民代表大会是如何把党的主张和人民意志上升为国家意志的。

2. 结合本节课的知识和自己的学习体会，模拟"我"参与人大代表竞选活动的场景，写一篇竞选发言稿。

过渡：人大代表的产生和人民代表大会制度是选举民主的重要形式，通过依法选举实现让人民的代表参与国家生活和社会生活的管理。在社会主义中国，人民的民主权利是多方面的，人民除了可以通过上述选举民主的方式行使民主权利外，还可以通过协商民主的方式，参与国家和社会的管理。社会主义协商民主是在中国共产党领导下，人民内部各方面围绕改革发展稳定的重大问题和涉及群众切身利益的实际问题，在决策之前和决策实施之中开展广泛协商，努力形成共识的重要民主形式。社会主义协商民主能够在实质上保障人民全面行使民主权利；发展社会主义协商民主，能够解决人民在投票时被唤醒而投票后就休眠的民主形式弊端，实现人民广泛而持久的政治参与。

四、议题三：共商国是——我国的多党合作和政治协商制度

教师以"2020年10月31日中共中央召开党外人士座谈会"视频（参见"资源链接"视频3）切入，引导学生结合教材了解我国民主党派的特点和优势，了解中国共产党与各民主党派的关系，基本弄清民主党派是如何参政议政的，掌握我国政党制度的特色，理解作为我国协商民主主要途径的人民政协的地位、性质、运作。通过组织学生参加模拟政协活动，让学生

更深刻和直观地感受中国特色的民主协商制度，提升学生的社会责任感、公民意识和参与意识。

（一）环节一

教师播放视频"2020年10月31日中共中央召开党外人士座谈会"，让学生思考以下问题：

1. 中共中央为什么要召开党外人士座谈会？
2. 我国有哪几个民主党派？他们有什么特色和优势？
3. 中国共产党与各民主党派是什么样的关系？民主党派如何参政议政？

对于上述问题中的第2个问题，建议教师让学生提前查阅、收集相关资料，可以让学生通过走访身边的民主党派成员并结合教材去丰富和完善8个民主党派的相关资料。教师也可以进一步讲解各民主党派的特色和优势，加深学生对民主党派的认知。

知识点

①民主党派是各自所联系的一部分社会主义劳动者、社会主义事业建设者、拥护社会主义的爱国者、拥护祖国统一和致力于中华民族伟大复兴的爱国者的政治联盟。

②民主党派的"一参加、三参与"：在中国共产党的领导下，参加国家政权，参与国家大政方针和国家领导人选的协商，参与国家事务的管理，参与国家方针、政策、法律、法规的制订和执行。

（二）环节二

教师展示材料"民进与教师节的由来和我们庆祝的方式"（参见"资源链接"案例5），请学生结合教材思考并回答以下问题：

1. 人民政协作为我国协商民主的重要渠道，其性质、地位、作用分别是什么？

2. 政协委员是怎样产生的？政协委员如何尽职履责？

3. 我国协商民主还有哪些形式？其特色优势何在？

知识点

①人民政协是统一战线组织，是多党合作和政治协商的重要机构，是人民民主的重要实现形式，体现了中国特色社会主义制度的鲜明特点。

②政协委员由各民主党派中央、各人民团体、无党派人士、各个界别等协商推荐产生；人民政协具有政治协商、参政议政、民主监督三大职能。

③我国协商民主包括：政党协商、人大协商、政府协商、政协协商、人民团体协商、基层协商、社会组织协商等。

（三）环节三

教师参考"模拟政协活动的设计建议"（参见"资源链接"案例6）设计学生活动，以提升学生的公民意识和参与意识。活动流程如下：

确定指导教师、组建模拟政协学生团队；指导教师与学生参加相关学习。

确定每个政协学生团队的界别，组建提案小组。

各提案小组依照界别聚焦问题、商定提案主题、制订调研计划。

各提案小组全面开展社会调研，撰写调研报告，形成提案（提案格式可参考"资源链接"案例7）。

借鉴人民政协的大会发言、书面发言、界别小组讨论、新闻发布、视频展示、材料展示、问题答辩等，开展提案的展示和评选。

五、议题四：区域自治——我国的民族区域自治制度

教师以材料"实行民族区域自治制度"（参见"资源链接"案例8）切

入,以民族自治和脱贫攻坚为两大主线,让学生深入理解我国处理民族关系的基本原则和基本政策;通过体验参与,进而让学生更直观地理解民族自治权的内容以及我们是如何有效保障民族区域自治的。

(一)环节一

教师展示材料"实行民族区域自治制度",讲解民族区域自治制度产生和发展的历史,提出以下2个问题:

1. 我国为什么要实行民族区域自治?
2. 我国的民族区域自治和特别行政区的高度自治有什么区别?

教师可以让学生在课前收集有关五大少数民族自治区或其他民族自治地方历史的资料,并在课堂上进行交流,让学生在思想碰撞中更好地理解我国实行民族区域自治的原因。教师可以适当补充特别行政区高度自治的相关内容,从而让学生作出知识对比,以加深学生对知识点的理解(参见"资源链接"案例9)。

知识点

①实行民族区域自治是适合我国国情的必然选择,是由我国的历史特点和现实情况决定的。

②实行民族区域自治制度有利于维护国家统一和安全;有利于保障少数民族人民当家作主;有利于发展平等团结互助和谐的社会主义民族关系;有利于促进社会主义现代化建设事业蓬勃发展。

(二)环节二

教师播放视频"数说十八大以来西藏发展成就"(参见"资源链接"视频4),请学生结合教材知识和教师讲解,讨论回答以下问题:

1. 西藏自治区取得巨大发展成就的原因有哪些?

2. 党和国家是如何保障民族自治地方行使自治权的？

3. 在西藏自治区的发展进程中，国家是怎样保障西藏的民族自治与宗教信仰自由的？

在学生讨论这些问题前，建议教师先让学生提前去收集以下几方面的资料：民族区域自治权的具体表现；民族自治地方的法律法规实施、教育文化发展、经济发展与其他一般行政区有什么不同；西藏自治区这几十年在哪些方面取得了巨大成就；西藏独特的宗教文化是否会影响民族区域自治的发展。

（三）环节三

教师依托视频"西藏脱贫攻坚重大成就 历史性消除绝对贫困"（参见"资源链接"视频5）进行学生活动设计。活动流程如下：

1. 学生选择临近的民族自治地方的贫困地区进行实地考察、访问，收集能体现该地区发展历程、脱贫成果的资料，包括数据、文字资料、图片、视频等。（特别说明：亲身经历和亲身感受是最为直观的，建议学生尽量开展实地考察；如果学生确实不具备实地考察的条件，也可改为在网上搜集材料。）

2. 学生根据考察结果写出考察报告或调研报告，还可以进一步思考以下几个问题：一是为什么民族地区的贫困发生率偏高？二是民族区域自治与脱贫攻坚之间有什么内在联系？三是对民族地区脱贫攻坚进行再思考，即未来民族自治地方该如何进一步实现可持续发展？如何防止民族地区返贫？民族区域自治还可以有什么样的发展空间？

考核评价

1. 知识评价：对本专题涉及的基本内容和知识点，通过课堂提问、课后练习测评等形式进行评价。

2. 实践评价：一方面通过学生课堂发言、活动参与的积极性与效果，评价学生的参与意识、合作精神和责任担当；另一方面，根据学生参与实地调研、模拟政治活动、撰写相关材料的情况，观察学生表现出来的参与能力和对知识的吸收程度，评价学生的实践能力与核心素养。

资源链接

一、案例资源

案例1

苏格拉底的审判

1. 审判苏格拉底（见图2-15）。

图2-15 审判苏格拉底

2. 油画《苏格拉底之死》(见图2-16)。

图2-16　油画《苏格拉底之死》

3. "市民"的审判[①]。

西方文明源于古罗马文明,古罗马文明又源于古希腊文明,而古希腊文明的一个精品,则是以万神之王宙斯的女儿智慧女神雅典娜之名命名的雅典城邦。雅典城建立后的数百年,始终屹立不倒。然而,在公元前399年,因为一场"壮观的人民审判",雅典城开始走向衰落。

这场审判仅法官就有500名,是从雅典城中享有公民权的男性市民中通过随机方式抽选出来的,其中有贵族,有哲学家,但更多的是"漂洗羊毛的、做鞋的、盖房的、打铁的、种田的、做买卖的……"(苏格拉底的原话,记载在苏格拉底弟子色诺芬所著的《言行回忆录》中)当然,妇女和外邦人除外,因为他们没有公民权;也没有奴隶,因为在古希腊与古罗马的法律中,奴隶并不是人,而是一种财产。

这场审判是在露天剧场进行的。在这里,雅典人给苏格拉底定了两条罪名"不敬神祇"和"以歪理邪说败坏青年人的心灵",并最终决定处死他。

判决后,苏格拉底被收押进了监房。他的另一个学生克里多在最后一

---

① 〔美〕I.F.斯东.苏格拉底的审判[M].董乐山,译.北京:生活·读书·新知三联书店,1998.

个晚上见到了他,建议他越狱,因为不公正的判决是无需理会的。苏格拉底拒绝了,这位在法庭上因为放肆而激怒陪审团的被告人竟然认为必须尊重法庭的判决,哪怕判决是不公正的。那个晚上,克里多和老人一直在辩论。有关"恶法是否是法律,在它被废止之前是否必须遵守和得到执行"的辩论直到今天还在进行,与两千多年前讨论相似的是,谁也没办法说服谁。最后,在狱卒和他学生的注视下,老人坦然地喝下了毒酒,身体慢慢僵硬,脸上残存着微笑。

案例2

村级议事规范 群众心里敞亮
——青海乡村"议事会"助推基层民主决策(摘编)[①]

近年来,西宁市着力打造"有事好商量"的基层协商议事机制,探索建立了民主管理"四会四议三公开"制度(凡重大事项和涉及群众切身利益的事情,都要经过村(支)委会提议、村两委会商议、党员大会审议、村民代表大会决议;"三公开"就是议题公开、决议公开、实施结果公开),出台《"有事好商量"基层协商议事机制实施办法》,对协商议事的范围、形式、规则和流程等进行具体规范;由乡镇党委牵头,派遣优秀党员干部到各村(社区)任第一召集人,组织各村党支部成员通过定期议事等方式进行集中"商议",为解决问题摸实情、出实招;在各村(社区)建立协商议事室,选聘愿意参与的群众代表组建协商议事室队伍,搜集群众意见与需求,定期召开协商议事会,为村(社区)治理出谋划策,同时将居民各种诉求及时反映到社区、街道,将矛盾化解在萌芽状态。该

---
① 新华社.村级议事规范 群众心里敞亮——青海乡村"议事会"助推基层民主决策[EB/OL].(2019-12-15).http://www.gov.cn/xinwen/2019-12/15/content_5461374.htm.

市"有事好商量"基层协商议事机制为实现基层治理现代化提供了重要"舞台"。

案例3

处处以身作则 事事为了人民①

申纪兰，1929年出生于山西省平顺县山南底村，山西省平顺县西沟村党总支副书记，第一届至第十三届全国人大代表，"共和国勋章"获得者。

1954年9月，在中华人民共和国第一届全国人民代表大会上，申纪兰提出的"男女同工同酬"倡议被写入了中华人民共和国第一部宪法。1985年，结合申纪兰外出考察的经验，利用当地的硅矿资源优势，西沟村建立起第一个村办企业铁合金厂，当年实现利润150万元。此后，西沟村又建立起磁钢厂、石料厂、饮料厂，村办企业成了西沟村的经济支柱。

但为了响应党中央保护环境的号召，不把污染留给子孙后代，2012年，申纪兰和西沟村民决定，拆除了不符合国家产业政策和环保要求的铁合金厂，重新寻找发展定位。几年间，西沟村的红色旅游基础设施一一兴建，新产业基地拔地而起，引进的知名服饰公司开工生产。

作为唯一连任十三届的全国人大代表，申纪兰通过建议和议案将老区脱贫振兴带入了快车道。中西部开发、引黄入晋工程、太旧高速公路、山西老工业基地改造等促进了经济发展；平顺县提水工程、平顺县二级公路建设、平顺县集中供热、集中供气工程等改善了当地群众的生活。

"当人大代表，就要代表人民，代表人民说话，代表人民办事。"申

---

① 人民日报.处处以身作则 事事为了人民［EB/OL］.（2019-11-20）.http://www.npc.gov.cn/npc/gxrwsjl005/201911/a8ac71c9bd0547f185943278de236501.shtml.

纪兰是这样说的，也是这样做的。她曾荣获"全国劳动模范""全国优秀共产党员""全国脱贫攻坚'奋进奖'""改革先锋"等称号。但她只把荣誉看作一种鞭策。她"勿忘人民、勿忘劳动"的话语，成了自己对人生的一种诠释。

案例4

第十三届全国人民代表大会第四次会议议程[①]

一、审议政府工作报告

二、审查国民经济和社会发展第十四个五年规划和2035年远景目标纲要草案

三、审查2020年国民经济和社会发展计划执行情况与2021年国民经济和社会发展计划草案的报告、2021年国民经济和社会发展计划草案

四、审查2020年中央和地方预算执行情况与2021年中央和地方预算草案的报告、2021年中央和地方预算草案

五、审议全国人民代表大会常务委员会关于提请审议《中华人民共和国全国人民代表大会组织法（修正草案）》的议案

六、审议全国人民代表大会常务委员会关于提请审议《中华人民共和国全国人民代表大会议事规则（修正草案）》的议案

七、审议全国人民代表大会常务委员会关于提请审议《全国人民代表大会关于完善香港特别行政区选举制度的决定（草案）》的议案

八、审议全国人民代表大会常务委员会工作报告

九、审议最高人民法院工作报告

---

① 新华社.第十三届全国人民代表大会第四次会议议程［EB/OL］.（2021-03-04）.http://www.gov.cn/xinwen/2021-03/04/content_5590322.htm.

十、审议最高人民检察院工作报告

案例5

民进与教师节的由来和我们庆祝的方式[①]

1981年11月,在全国政协五届四次会议上,中国民主促进会的17位全国政协委员联名提交了一份提案:1981年11月,在全国政协五届四次会议上,民进17位政协委员联名提交了《建议确定全国教师节日期及活动内容案》。提案人包括民进中央第三任主席、第六届全国政协副主席叶圣陶,民进中央第四任主席、第六届全国政协副主席、第七届和第八届全国人大常委会副委员长雷洁琼,以及曾任民进中央副主席的徐伯昕、吴贻芳、葛志成、叶至善和曾任民进中央参议委员会副主席的张明养、柯灵、方明。由此可见,民进对这份提案的重视程度和这份提案的分量之重。

这份提案的主要发起人及撰稿人是方明,时任全国教育工会主席、分党组书记、民进中央常委。

1983年3月,在全国政协六届一次会议上,方明和民进18位政协委员联名再次提出"建议恢复教师节案"。

同年9月,中宣部办公厅致函教育部办公厅,经研究,同意政协一次会议方明等同志的提案,恢复教师节。

1985年1月,国务院总理在全国人大常委会上提出建立教师节的议案,全国人大常委会通过了这一议案,确定每年的9月10日为教师节。

[①] 澎湃新闻.民进与教师节的由来和我们庆祝的方式[EB/OL].(2020-09-10).https://www.thepaper.cn/newsDetail_forward_9117719.

案例6

模拟政协活动的设计建议

第一,学习知识。了解人民政协的历史、组织机构、作用以及政协委员的产生、权利与义务,了解人民政协的界别划分、提案的意义与撰写规范等;学习模拟政协活动的组织形式、活动内容、活动流程等。

第二,确立选题。可以在当地政协委员或教师的指导下,从身边的人和事着手,以民生问题为重点选择主题。

第三,调查研究。要遵循调查研究的基本原则,根据不同的主题,运用正确的方式方法,获取所需要的资料,并对资料进行分析、整理。

第四,撰写提案。按照人民政协提案的撰写要求、行文格式进行提案撰写,特别是要写好具体的建议,集中反映提案的目的,以体现提案建言献策的水平。

第五,集中展示。各提案小组在大会上陈述提案,由专家和教师组成的评委针对提案提问,提案小组进行答辩;最终评委作出评价,并评选出本次活动的优秀提案。

案例7

政协提案的格式

政协提案由三部分组成:文头、提案者、提案内容。

第一,文头。需包括:(1)政协届次,在文头第一行写明政协会议名称,如"政协××市××区十届三次会议提案"。(2)提案标题,主要目的是用简明的文字说明提案要求解决什么问题;提案标题有两种写法,公文式标题——由提案内容和文种名称（提案）组成，前加介词"关于"引领，如《关于维护外出务工农民利益，取消春运价格上浮的提案》；新闻式标题——用揭示提案核心内容的语句作为提案标题，如《改革森林防火机制，长效抓好护林防火》。（3）编号及分类，编号一般是提案顺序号，类别是根据提案的内容划分的种类，包括政治类、经济类、教育类、科学类、文化类等。

第二，提案者。在表中顺次填写提出提案的委员的姓名、组别、通信地址、邮政编码、电话号码、电子邮箱。

第三，提案内容。提案内容即提案正文，一般包括案由分析与建议和意见两部分：（1）案由分析，即提出提案的理由、原因或根据，它是提案的核心部分；陈述案由时，要抓住问题的实质，要有情况、有分析，实事求是，简明扼要，切忌笼统、空泛。（2）建议和意见，即针对案由反映的问题，提出自己认为能有效解决问题的主张、意见、措施和办法。

案例8

实行民族区域自治制度[①]

全国政协第一届全体会议通过的《共同纲领》明确规定："各少数民族聚居的地区，应实行民族的区域自治，按照民族聚居的人口多少和区域大小，分别建立各种民族自治机关。"由此，在统一的国家内实行民族区域自治，作为我国的一项基本政治制度确定下来。

1950年12月，西康省藏族自治区成立，这是新中国最早成立的相当于省辖市一级的民族自治地方。1952年2月22日，政务院通过了《中华人民共

---

① 中国民主党派历史陈列馆.实行民族区域自治制度［EB/OL］.（2020-5-18）.http://www.teyuan.org/Html/News/2020/0518/13102.htm.

和国民族区域自治实施纲要》。同年8月8日，中央人民政府委员会批准该文件，次日公布施行。

1954年《中华人民共和国宪法》确定将民族自治地方分为自治区、自治州、自治县三级，县以下的少数民族聚居区设民族乡，使民族区域自治制度更加符合我国的实际情况。

最早成立于1947年5月的内蒙古自治政府，于1949年12月改称内蒙古自治区人民政府。1955年10月1日，新疆维吾尔自治区宣告成立。广西壮族自治区成立于1958年3月5日。宁夏回族自治区成立于1958年10月25日。西藏自治区正式成立于1965年9月9日。至此，全国5个省级自治区全部成立。

案例9

我国特别行政区和少数民族自治区的主要区别

（1）设立目的不同。

民族区域自治是为解决民族问题，处理好民族之间的关系，实现少数民族人民当家作主和管理本民族内部地方性事务的权利，而实行的区域自治与民族自治相结合的制度；特别行政区制度是为解决历史遗留问题，维护国家的统一和领土完整，保持港、澳、台地区的繁荣稳定，而在"一国两制"方针指导下赋予特别行政区享有高度自治权的制度。

（2）社会制度不同。

民族自治区域实行社会主义制度和政策；香港、澳门特别行政区保持原有的资本主义制度和生活方式，50年不变。

（3）自治层次不同。

我国民族自治地方分为自治区、自治州、自治县三级，相应地设立三级人民代表大会和人民政府，在各自的权限和范围内履行职责；特别行政区只有一级政府，特别行政区政府下不再设任何政权单位。

（4）自治程度不同。

特别行政区的自治程度要高于民族区域自治。特别行政区实行高度自治，它依照法律的规定享有立法权、行政管理权，独立的司法权和终审权，它通用自己的货币，财政独立，收入全部用于自身需要而不上缴中央人民政府，中央人民政府也不在特别行政区征税。而民族区域自治地方只享有一定的自治权，只能制定自治条例和单行条例，在有不适合民族自治地方实际情况时，经上级机关批准方可变通或停止执行国家的法律和政策。属于民族自治地方的财政收入才能由民族自治机关自主安排使用。

（5）实施的法律体系不同。

民族区域自治地方实施社会主义法律体系，执行全国统一的法律和国务院颁布的行政法规及自治机关制定的自治条例和单行条例，在国家统一领导下行使法律赋予的自治权，保障宪法和法律在本行政区域内贯彻执行。特别行政区实施的法律为特别行政区基本法，不与特别行政区基本法抵触的港、澳原有法律，特别行政区立法机关制定的法律以及部分特定的全国性法律（如《中华人民共和国国籍法》），它们共同构成了特别行政区的法律体系。

二、视频资源

1. 2020年成都市村（社区）换届工作公益宣传片，https：//3g.163.com/v/video/VFU3CSJDS.html.

2. 申纪兰，让我们再次走近您，http：//www.npc.gov.cn/npc/c30834/201911/866d267e7fc94dd4b7af35bc64309f42.shtml.

3. 2020年10月31日中共中央召开党外人士座谈会，https：//www.chinanews.com/gn/2020/10-30/9326585.shtml.

4. 数说十八大以来西藏发展成就, https://weibo.com/1888489003/JlMyc93EE?mod=weibotime&type=comment.

5. 西藏脱贫攻坚重大成就 历史性消除绝对贫困, https://sannong.cctv.com/2020/10/16/ARTIXgzY8WD9DaXuSIR5iafU201016.shtml.

大学段：中国特色社会主义政治发展道路

教学目标

与高中阶段政治专题内容相衔接，依据大学生认知、情感发展特点和规律设计系列教学环节与活动，使大学生深入理解中国特色社会主义政治发展道路形成的历史逻辑、理论逻辑与实践逻辑，对完善中国特色社会主义民主政治制度有正确的认识和理解。提升大学生的政治敏锐性和政治判断力，使其自觉抵制错误的政治信息。激发大学生政治主体意识，提升其参政议政的能力。坚定大学生对中国特色社会主义民主政治发展道路的自信。

教学内容

1. 中国特色社会主义政治发展道路形成的历史逻辑、理论逻辑和实践逻辑。

2. 走中国特色社会主义政治发展道路，必须坚持党的领导、人民当家作主、依法治国的有机统一。

3. 健全人民当家作主制度体系。

教学重难点

1. 教学重点。

坚持中国特色社会主义政治发展道路，健全人民当家作主的制度体系。

2. 教学难点。

中国特色社会主义政治发展道路形成的必然性。

学情分析

经过中学阶段的学习，大学生对中国特色社会主义民主政治制度的具体内容、运行机制以及优势等相关内容已经基本了解。大学阶段的教学应侧重于对中国特色社会主义政治发展道路形成的必然性的分析以及引导学生去思考如何进一步完善中国特色社会主义民主政治制度。相较于中学生，大学生的认知和思想发展呈现新特点，比如思维独立性增强、辩证思维开始发展、创造性思维逐渐确立，同时平等与自主意识凸显、参与意识日益增强，关注个性发展、关注社会现实以及参政议政的意识增强等。在教学设计上应着眼于调动大学生学习的自主性和主动性，发挥他们的创造性，引导他们参与到教学中来，开展探索式的学习。

设计思路

1. 设计理念。

在整个教学环节贯彻"以学生为中心"的理念。在教学目标与内容的设计上，融知识教育、能力教育和价值观教育为一体，注重培养学生运用马克思主义基本立场、观点和方法来分析中国特色社会主义政治发展道路形成的理论逻辑、历史逻辑和实践逻辑,正确认识中西方政治制度的差异,深刻理解设计和发展国家政治制度必须注重历史和现实、理论和实践、形式和内容的有机统一;在教学模式上创新,通过开展研究型的教学,采用主题研讨、经典解读、热点评析等多样化的方式,构建学生、教师和专题内容之间协调互动的"交互主体性"教学模式,鼓励学生自主开展创新性的思考和探究,引导学生全面、辩证地认识中国特色社会主义的民主政治制度,坚定大学生对中国特色社会主义民主政治制度的制度自信。

整个教学围绕中国特色社会主义政治发展道路形成的历史必然性和如何完善人民当家作主的制度体系的问题来展开。通过教学,着重讲清楚中国特色社会主义政治发展道路形成的历史逻辑、理论逻辑和实践逻辑,使大学生充分认识中国特色社会主义政治发展道路形成的必然性,充分认识到坚持中国特色社会主义政治发展道路必须坚持党的领导、人民当家作主和依法治国的有机统一。最后引导学生探讨如何进一步地完善中国特色社会主义的民主政治制度。

2. 思维导图(见图2-17)。

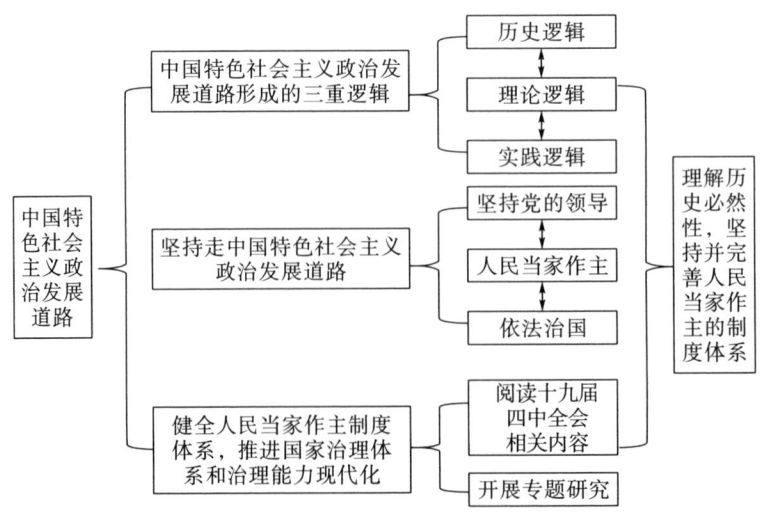

图2-17 专题二大学段思维导图

实施方案

一、导入新课

以"飞来峰的故事"（参见"资源链接"案例1）和习近平总书记2015年3月28日在博鳌亚洲论坛年会开幕式上关于"物之不齐，物之情也"的演讲内容（参见"资源链接"案例2）导入课程。

教师点评："飞来峰"尽管奇峻壮美，但是突然飞来或许是灾难一场。不要想象突然就可以搬来一座政治制度上的"飞来峰"。中国政治制度的设计和构建一定要立足中国实际，不能照抄照搬西方政治制度。

政治发展道路主要是指一个国家政治发展所选择的路径和模式。"物之不齐，物之情也。"任何一个国家政治发展道路的选择，必然要依据本国特定的社会政治条件和历史文化传统，有其生成的历史逻辑、理论逻辑和实践逻辑。正所谓"鞋子合不合脚，自己穿了才知道"。

中国特色社会主义政治发展道路，就是坚持和完善人民代表大会制度、中国共产党领导的多党合作和政治协商制度、民族区域自治制度、基层群众自治制度，巩固和发展最广泛的爱国统一战线，发展社会主义协商民主，健全民主制度，丰富民主形式，拓宽民主渠道，保证人民当家作主落实到国家政治生活和社会生活之中。

政治发展道路是关系根本、关系全局的重大问题。习近平总书记在党的十九大报告中指出："中国特色社会主义政治发展道路，是近代以来中国人民长期奋斗历史逻辑、理论逻辑、实践逻辑的必然结果，是坚持党的本质属性、践行党的根本宗旨的必然要求。"

深刻理解"三个逻辑"这一科学论断，对于深刻把握中国特色社会主义政治发展道路的历史必然性、科学真理性，增强走中国特色社会主义政治发展道路的信心和决心，具有十分重要的意义。

二、内容讲授

（一）中国特色社会主义政治发展道路的历史逻辑、理论逻辑和实践逻辑

1. 中国特色社会主义政治发展道路的历史逻辑。

教师引入：世界上没有完全相同的政治制度模式。任何一个国家的政治制度都不能脱离其特定的社会政治条件和历史文化传统。正如习近平总书记所强调："了解中国近代以来的历史对理解中国人民今天的理想和前进道路很重要。独特的历史命运、独特的文化传统、独特的国情，决定了中国必然要走适合自己的发展道路。"[①]在观察和认识中国的时候，"历史和现实都要看，物质和精神也都要看。中华民族5000多年文明史，中国人民近代以来170多年斗争史，中国共产党90多年奋斗史，中华人民共和国60多年发展史，改革开放30多年探索史，这些历史一脉相承，不可割裂。脱离了中国的历史，脱离了中国的文化，脱离了中国人的精神世界，脱离了当代中国的深刻变革，是难以正确认识中国的"[②]。

案例分析与分组讨论：在近代中国，各种政治势力及其代表人物为了挽救民族危亡、争取民族独立，开展了一次次斗争，先后试验过君主立宪制、议会制、总统制等方案，但是这些西方政治制度模式在中国并没有获得成功。结合"宋教仁遇害事件"（参见"资源链接"案例3），讨论为什么这些政治模式在中国都没有成功？

教师点评与分析：中国特色社会主义政治发展道路是历史和人民的选择，是中国共产党和中国人民争取、实现和发展人民民主的伟大创造，是

---

① 习近平同比利时国王菲利普再次会晤［N/OL］.人民日报，2015-06-25.http://politics.people.com.cn/n/2015/0625/c1024-27203341.html.
② 习近平在布鲁日欧洲学院的演讲［N/OL］.人民日报，2014-04-02.http://cpc.people.com.cn/n/2014/0402/c64094-24799696.html.

近代以来中国人民为挽救民族危亡，谋求民族复兴、国家富强和实现人民民主进行不懈斗争的历史经验的总结。

教师结合中国共产党领导的新民主主义革命和新中国政治建设的历程，对如何理解中国特色社会主义政治发展道路的历史逻辑进行分析，需要强调的知识点如下。

知识点

①没有将广大的人民群众真正发动起来进行革命，不改变旧中国传统的社会结构和社会性质，仅是照搬西方政治制度模式，是解决不了中国面临的问题的。

②中国共产党以人民为中心，以实现人民民主为己任，发动和领导广大人民群众浴血奋战，取得了新民主主义革命的胜利，彻底改变了旧中国的面貌，对民主政治建设进行了探索与尝试。

教师结合材料"陕甘宁边区政府与三三制"（参见"资源链接"案例4）对中国共产党在新民主主义革命时期开展的民主政治探索进行分析，总结指出：中国共产党在新民主主义革命时期对民主政治建设进行了不懈探索，为其之后的全国执政积累了宝贵的政治建设历史经验。

知识点

③新中国成立后，我们建构起了社会主义民主政治的基本框架——人民民主专政的国体，人民代表大会制度的政体，中国共产党领导的多党合作和政治协商制度、民族区域自治制度、基层群众自治制度的基本政治制度。

④改革开放之后，我国不断推进政治体制改革，社会主义民主政治建设取得了重大进展，成功开辟了中国特色社会主义政治发展道路。

教师结合邓小平同志的重要讲话《党和国家领导制度的改革》，分析指明：20世纪80年代初即改革开放初期，中国共产党已有了较为完整的政治体制改革思想。

> **知识点**

⑤党的十八大以来,中国共产党带领全国各族人民统筹推进"五位一体"总体布局,稳步推进全面深化改革,人民当家作主的制度体系越来越健全,中国特色社会主义政治发展道路越走越宽,社会主义民主政治展现出更加旺盛的生命力。

教师小结:历史证明,中国特色社会主义政治发展道路是历史的选择、人民的选择,是符合中国国情、实现人民当家作主的唯一正确道路。

2. 中国特色社会主义政治发展道路的理论逻辑。

教师引入:理论是行动的先导,中国特色社会主义政治发展道路是在一定的思想理论指导下不断推进的,这些思想理论就是政治发展道路的重要依据和指引。中国特色社会主义政治发展道路的理论逻辑主要体现在它以科学社会主义为指导,并在理论与实际结合的过程中发展创新,是"科学社会主义理论逻辑和中国社会发展历史逻辑的辩证统一","适应中国和时代发展进步要求"[①]。

(1)中国特色社会主义政治发展道路的理论总结是发展了的科学社会主义理论。

教师请学生阅读以下这段话,谈谈自己的认识。

恩格斯说:"一个民族要想登上科学的高峰,究竟是不能离开理论思维的。"列宁指出:"没有革命的理论,就不会有革命的运动。"

教师分析:马克思主义始终强调理论对实践的指导作用。在中国特色社会主义政治发展道路上,应该选择什么理论来指导中国政治的发展?中国特色社会主义政治发展道路的历史逻辑已经作出回答:历史和人民选择了马克思主义、选择了中国共产党、选择了社会主义。那么指导中国政治发展的理论必然是科学社会主义,而不可能是西方资产阶级的政治理论,自然也不能去照搬西方的政治模式。

---

① 中共中央文献研究室.十八大以来重要文献选编(上)[M].北京:中央文献出版社,2014.

中国共产党是一个高度重视理论指导和理论建设的政党，始终把马克思主义这一科学理论作为自己的行动指南，并坚持在实践中不断丰富和发展马克思主义。好的理论必须用于指导实践才能发挥它的作用，如果将其束之高阁，再好的理论也没有意义。在运用理论的时候，一定要与实际相联系。如果仅是将它当作公式来生搬硬套，只会导致失败，使社会主义建设事业遭受挫折。对待理论，一定要有科学的态度，即"要使马克思列宁主义的理论和中国革命的实际运动结合起来，是为着解决中国革命的理论问题和策略问题而去从它找立场，找观点，找方法的"[①]。

中国共产党在运用科学社会主义理论指导中国政治建设的实践中，始终不断推动科学社会主义理论与中国实际相结合，并将实践经验提炼上升为理论，去丰富和发展科学社会主义理论。中国特色社会主义政治发展道路理论是发展了的科学社会主义理论，为人类政治文明进步作出充满智慧的贡献。

（2）科学社会主义理论指导中国的政治发展。

要理解中国特色社会主义政治发展道路的理论逻辑，就需要回答中国共产党是如何将科学社会主义理论与中国实践相结合来指导中国政治发展的。

①人民立场是中国特色社会主义政治发展道路的理论逻辑起点。

案例引入："人民立场是我们的根基"（参见"资源链接"案例5）。

通过引入案例，让学生直观形象地认识人民的立场就是中国共产党的根本政治立场。

教师分析：人民性是马克思主义最鲜明的品格。马克思主义以科学的理论为最终建立一个没有压迫、没有剥削、人人平等、人人自由的理想社会提供了科学理论指导。中国共产党始终坚持以马克思主义为指导、以人民立场为根本政治立场，在革命与社会主义建设的实践中，始终高举人民

---

① 毛泽东选集 第三卷［M］．北京：人民出版社，1991：801.

民主的旗帜，将马克思主义基本原理同中国具体实际相结合，探索出了一条中国特色的社会主义政治发展道路。

②人民民主是中国特色社会主义政治发展道路始终的价值追求。

案例引入："豆选"（参见"资源链接"案例6）、"青海海东：村民说事制度"（参见"资源链接"案例7）。

教师引导学生讨论和分析：新民主主义革命时期中国共产党在陕甘宁边区抗日根据地通过"豆选"来建立基层政权，新时代在青海海东开展"村民说事"制度，这两个不同时期的案例说明了什么？

教师分析：通过以上两个案例可以看到，中国共产党不管是在局部执政时期还是在全面执政时期，始终坚持根据中国的具体实际不懈地探索充分实现人民民主的形式。事实充分说明了实现人民民主始终是中国共产党政治建设的价值追求。正如习近平总书记在党的十九大报告中所指出的那样："我国社会主义民主是维护人民根本利益的最广泛、最真实、最管用的民主。"

通过建立健全法律制度和体制机制，保证人民依法通过各种途径和形式管理国家事务。国家制定的法律和政策必须充分体现人民的意志，以人民的利益作为出发点和归宿。

3. 中国特色社会主义政治发展道路的实践逻辑。

政治发展道路的实践逻辑，是指政治制度和政治发展道路的选择是主客观条件的有机统一，是人们在一定客观条件的限制和制约下，发挥主观能动性进行探索和设计的结果。它会受到中国国情的深刻影响。习近平总书记指出："中国特色社会主义政治制度之所以行得通、有生命力、有效率，就是因为它是从中国的社会土壤中生长起来的。"[①]

（1）国情是制度产生的土壤和存续发展的基础条件，对制度的选择有重要影响。

---

① 习近平.在庆祝全国人民代表大会成立60周年大会上的讲话[M].北京：人民出版社，2014：16.

受地理位置、基础条件等因素的影响，资源分布不均和区域发展不平衡是中国的基本国情之一，从而要求我国的政治制度应具备集中力量办大事的能力，能够在全国范围内大规模调动资源和统筹协调，促进全国均衡发展。

（2）保障人民当家作主、实现人民权利的制度选择和发展必须符合中国的基本国情。

案例引入与讨论：教师展示材料"江苏沭阳：村级党群议事会制度"（参见"资源链接"案例8），引导学生讨论江苏沭阳的村级党群议事会制度在保障人民当家作主方面，体现了哪些优势？

教师分析：农村民主决策制度的创新，针对农村的社会结构，强化了基层党组织核心作用，同时也尊重了群众的知情权和决策权，让人民当家作主的权利落到了实处。

通过对江苏沭阳"村级党群议事会制度"的分析与讨论，让学生充分认识到，"在中国社会主义制度下，有事好商量，众人的事情由众人商量，找到全社会意愿和要求的最大公约数，是人民民主的真谛"[①]，协商民主是适合我国国情和现实需要的民主形式。

（3）中国特色社会主义政治发展道路不断接受实践检验并随实践的发展而发展。

改革开放40余年来中国政治改革与政治发展所取得的重大进展说明：我们选择的政治发展道路是党领导人民经过长期探索和实践而开创出来的，是一条符合中国特色社会主义事业发展要求的政治发展道路，也是一条充分体现全国各族人民根本意愿和根本利益的政治发展道路。

教师小结：中国特色社会主义政治发展道路是中国共产党领导中国人民在争取和实现人民民主奋斗中探索出来的，有其形成和发展的历史逻辑、理论逻辑和实践逻辑，是近代以来中国人民长期奋斗的必然结果。中

---

① 习近平.在庆祝中国人民政治协商会议成立65周年大会上的讲话[M].北京：人民出版社，2014：13.

国特色社会主义发展的实践已经充分证明，这条政治发展道路是符合中国国情、保证人民当家作主的正确道路，具有强大的生命力。在实现中华民族伟大复兴的进程中，我们应以更大的政治定力和智慧，沿着中国特色社会主义政治发展道路阔步前进。

（二）走中国特色社会主义政治发展道路，必须坚持党的领导、人民当家作主、依法治国的有机统一

教师提问导入： 同学们，通过前面对中国特色社会主义政治发展道路形成必然性的分析，你们认为要坚持走中国特色社会主义政治发展道路，最关键的是什么？

教师分析： 最关键的就是要把坚持党的领导、人民当家作主、依法治国三者有机统一起来。

1. 坚持党的领导是人民当家作主和依法治国的根本保证。

党是坐镇中军帐的"帅"，车马炮各展其长，一盘棋大局分明。坚持和完善党的领导，是党和国家的根本所在、命脉所在，是全国各族人民的利益所在、幸福所在。坚持党的领导，就要发挥党总揽全局、协调各方的领导核心作用。改进党的领导方式和执政方式，保证党领导人民有效治理国家。

2. 人民当家作主是社会主义民主政治的本质特征。

人民民主是社会主义的生命。没有民主就没有社会主义，就没有社会主义现代化，就没有中华民族伟大复兴。中国共产党领导人民实行人民民主，用制度体系保证人民当家作主。发展社会主义民主政治，就是要体现人民意志，保障人民权益，激发人民创造活力，扩大人民有序政治参与，保证人民依法实行民主选举、民主协商、民主决策、民主管理、民主监督。巩固基层政权，完善基层民主制度，保障人民知情权、参与权、表达权、监督权。

3. 依法治国是党领导人民治理国家的基本方式。

全面依法治国是中国特色社会主义的本质要求和重要保障。法治兴，则国家兴。依法治国为坚持党的领导、实现人民当家作主提供坚强的法治保障。坚持依法治国要维护国家法制统一、尊严、权威，加强人权法治保障，保证人民依法享有广泛权利和自由；健全依法决策机制，构建决策科学、执行坚决、监督有力的权力运行机制。

4. 课后小专题研究："十四五"规划和2035年远景目标纲要是如何出炉的。①

学生在课外查阅资料了解"十四五"规划出台的背景和具体内容，课堂上进行专题汇报与讨论。教师结合"十四五"规划和2035年远景目标纲要的出台对中国特色社会主义政治发展道路做进一步的分析与讲解，以加深学生对这个问题的理解，让学生直观、切实地感受到中国特色社会主义民主政治是坚持党的领导、人民当家作主和依法治国的有机统一。

编制和实施国民经济和社会发展五年规划，是党治国理政的重要方式。

新中国成立以来，在党中央统一领导下，我国以14个五年规划（计划）书写了从站起来到富起来再到强起来的伟大征程。一个个五年规划（计划），围绕各阶段突出矛盾和问题，接力落实社会主义现代化建设长远战略目标，党领导全国人民一代接着一代干，一张蓝图绘到底，创造了世所罕见的经济快速发展奇迹和社会长期稳定奇迹。

（2）把加强顶层设计和坚持问计于民统一起来，是规划编制最鲜明的特点。

加强顶层设计。习近平总书记高度重视"十四五"规划的编制工作。从规划建议到规划纲要草案，他亲自谋划、亲自指导，作出重要部署指

---

① 参考搜狐网《"十四五"规划和2035年远景目标纲要编制记》编辑而成。参见"十四五"规划和2035年远景目标纲要编制记［EB/OL］.［2021-03-20］.https：//www.sohu.com/na/456486897_120214185.

示，对重大问题及时把关定向，确保规划编制始终沿着正确的方向前行。

坚持问计于民。2020年8月16日至29日，中央通过互联网就"十四五"规划编制向全社会征求意见和建议，这是我国五年规划编制史上的第一次。同时国家发展改革委开展"十四五"规划纲要问计求策活动，听取社会公众意见建议，并线下发放问卷4000多份。此外，通过召开座谈会，收到全国人大代表和全国政协委员300多条具有建设性的意见建议。国家发展改革委组织开展200多项重大课题研究，组织各地区、各部门和中央企业等研究提出拟纳入纲要的主要目标指标和重大政策、重大改革、重大工程项目，召开系列座谈会听取部门和地方意见，赴中国科学院、社会科学院、工程院等单位听取专家意见。通过各种方式，鼓励广大人民群众和社会各界为"十四五"规划建言献策，切实把社会期盼、群众智慧、专家意见、基层经验充分吸收到"十四五"规划编制中来，齐心协力把"十四五"规划编制好。

（3）2021年3月5日，十三届全国人大四次会议开幕，规划纲要草案提请大会审查。大会闭幕前夕，根据代表委员在审查讨论中提出的意见，起草组对规划纲要草案作出55处修改。3月11日下午，十三届全国人大四次会议表决通过关于国民经济和社会发展第十四个五年规划和2035年远景目标纲要的决议。党的主张、人民的意志通过法定程序转化为国家意志，成为全国各族人民建设社会主义现代化国家的行动纲领。

（4）从规划基本思路的形成到规划纲要建议的起草，到规划纲要草案的拟定，再到最后规划纲要的出台，始终坚持了党的领导、人民当家作主和依法治国的有机统一。这既是中国发展规划体系的鲜明特点，也是中国特色社会主义制度优势的重要体现。

（三）健全人民当家作主的制度体系，推进国家治理体系和治理能力现代化

本部分着重引导学生对如何进一步健全和完善人民当家作主的制度体系，推进国家治理体系和治理能力现代化进行思考。

教学方式：专题研讨。

学生分小组自主学习十九届四中全会通过的《中共中央关于坚持和完善中国特色社会主义制度、推进国家治理体系和治理能力现代化若干重大问题的决定》（以下简称《决定》）中关于"坚持和完善人民当家作主制度体系，发展社会主义民主政治"的内容，围绕"如何进一步健全和完善人民当家作主的制度体系，推进国家治理体系和治理能力现代化"开展研讨。

采用专题研讨的方式，让学生通过阅读十九届四中全会《决定》部分内容、查找资料、小组讨论、开展"头脑风暴"等方式开展自主学习，启发学生去思考如何完善人民当家作主的制度体系以推进国家治理体系的现代化，以及如何把政治制度优势转变为国家治理效能以推进国家治理能力现代化。

1. 专题研讨的方向建议。

（1）围绕如何完善基层选举、如何加强人大代表工作、如何完善工作报告程序等问题来思考如何健全人民代表大会制度。

（2）围绕如何完善政治协商内容和形式、加强人民政协民主监督、加强对贯彻落实党和国家大政方针和重要决策部署的监督等问题，探讨如何完善中国共产党领导的多党合作和政治协商制度。

（3）围绕如何推进民族团结事业的问题，提出自己的思考。

（4）围绕如何在实践运作中提高基层群众自治的制度化水平、切实保障人民群众民主权利的落实，提出相应的对策。

2. 小组汇报。

小组进行专题研讨之后再在课堂上进行汇报，教师做点评和引导，着重把握以下要点：

（1）人民代表大会制度是我国的根本政治制度，体现了中国特色社会主义本质特征和国家性质；中国共产党领导的多党合作和政治协商制度、民族区域自治制度、基层群众自治制度，体现了我国社会主义民主政治的本质规定性。

（2）人民当家作主的制度体系是由根本制度、基本制度和重要制度构成的制度架构。

（3）完善和健全人民当家作主制度体系是推进国家治理体系现代化的重要组成部分，需要在坚持中积极稳妥地推进改革，始终确保改革的正确方向，保持政治定力。明白"改什么、不改什么"，改革的目的是完善我国民主政治制度体系，增强我国社会主义民主政治的制度优势，提高治理效能。

（4）在将政治制度优势转变为国家治理效能以推进国家治理能力现代化的过程中，需要把握几个关键——坚持党的领导、坚持制度自信、强化制度意识、增强制度执行力，在实践探索中不断完善制度。

考核评价

1. 知识考核：通过课堂提问、课后练习、考试等方式对学生掌握本专题相关知识的情况进行考核评价。

2. 能力考核：通过小专题自主学习与汇报、课堂讨论辨析等方式考查学生运用马克思主义立场、观点和方法分析和解决问题的能力。

3. 考核模式：注重过程考核与结果考核相统一，对学生进行综合评价；将教师评价与学生评价相结合，发挥学生在考核中的主体作用。

资源链接

案例资源

案例1

飞来峰的故事①

相传有一天,济公看到有一座山峰就要从远处飞来,怕飞来的山峰砸死附近村民,就奔进村里劝大家赶快离开。村民因平时看惯济公疯疯癫癫、爱捉弄人,以为这次又是寻大家的开心,因此谁也没有听他的话。眼看山峰就要飞来,济公急了,就冲进一户娶亲的人家,背起正在拜堂的新娘子就跑。村人见和尚抢新娘,就都呼喊着追了出来。人们正追着,忽听风声呼呼,天昏地暗,"轰隆隆"一声,一座山峰飞降灵隐寺前,压没了整个村庄。可见,"飞来峰"虽然远观奇峻壮美,但突然飞来就是灾难一场。

案例2

物之不齐,物之情也
——习近平谈治国理政中的传统文化智慧(节选)②

"物之不齐,物之情也"是2015年3月28日,习近平主席在博鳌亚洲论

---

① 习近平:政治制度的"飞来峰"不能照搬[EB/OL].(2015-09-07).http://theory.people.com.cn/n1/2017/0608/c40531-29327045.html.
② 共产党员网.物之不齐,物之情也(详解版)——习近平谈治国理政中的传统文化智慧[EB/OL].(2019-03-19).http://www.12371.cn/2019/03/06/VIDE1551855854730877.shtml.

坛年会开幕式上发表的主旨演讲中引用的。他说："中国古代思想家孟子说过：'夫物之不齐，物之情也。'不同文明没有优劣之分，只有特色之别。要促进不同文明不同发展模式交流对话，在竞争比较中取长补短，在交流互鉴中共同发展，让文明交流互鉴成为增进各国人民友谊的桥梁、推动人类社会进步的动力、维护世界和平的纽带。"

案例3

宋教仁遇害事件[①]

1913年3月20日，应袁世凯相邀，国民党代理理事长宋教仁搭火车赴北京共商国是。正在检票的时候，传来一声枪响，宋教仁腹部中弹倒在地上，虽及时送医并顺利取出子弹，但由于子弹有毒，最终不治身亡。宋教仁遇刺直接导致孙中山领导"二次革命"推翻袁世凯，不过革命很快失败，随后袁世凯被选为正式大总统。同年，袁世凯以参与"构乱"为由下令解散国民党，至此偏离民主建设轨道，在专制复辟的道路上越走越远，并最终下令恢复帝制，上演了一出称帝闹剧。因此，也可以说宋案最终促成了袁世凯的迅速垮台；不过，更深远的影响是造成了中国民主政治的倒退。

[①] 腾讯网.中国历史上著名的八大暗杀事件［EB/OL］.https：//new.qq.com/omn/20210122/20210122A0AP7P00.html.

案例4

陕甘宁边区政府与"三三制"[①]

1937年9月6日,根据国共两党关于国共合作的协议,中国共产党领导的陕甘宁革命根据地的苏维埃政府(中华苏维埃共和国临时中央政府西北办事处),正式改称陕甘宁边区政府,林伯渠为边区政府主席,首府延安,辖23个县。陕甘宁边区政府结构主要由参议会、政府机关和司法机关组成。(一)参议会,为最高权力机关,参议员由人民直接选举。(二)政府机关,设边区、县、乡三级,主要领导人由同级参议会选举产生。(三)司法机关,边区设高等法院,专区设高等法院的分院,县设县法院。在中国共产党的领导下,陕甘宁边区政权是抗日人民的政权,它的阶级基础除了工人、农民、小资产阶级,还包括了其他一切愿意抗日的阶级、阶层。政权实行民主集中制,即民主基础上的集中,集中指导下的民主。

1940年3月,中共中央发出了《抗日根据地的政权问题》的指示,明确规定,在人员分配上,共产党员、非党的左派进步分子和中间派应各占三分之一,实行"三三制"。1941年各抗日根据地相继成立了"三三制"政权。

"三三制"是中国抗日战争时抗日期根据地建立的抗日民主政权在人员组成上采取的制度。根据"三三制"的规定,在政权机构和民意机关的人员名额分配上,代表工人阶级和贫农的共产党员、代表和联系广大小资产阶级的非党左派进步分子和代表中等资产阶级、开明绅士的中间分子各占三分之一。它是民主政治的集中表现,是中国共产党在当时中国土地上建立的,一切其他政权不能比拟的最民主、最廉洁、最富有朝气、最受人

[①] 王智华.抗战时期中共"三三制"、减租减息和精兵简政的意义和作用.[J/OL].[2014-02-27].http://www.minge.gov.cn/n1/2017/1219/c415577-29715685.html.

民欢迎和拥护的政权,为全国树立了政权民主化的楷模,对废除国民党独裁统治的抗日民主运动起到了推波助澜的作用。"三三制"政权的成功实践,不仅保证了抗日战争的胜利,还为中国共产党领导的多党合作和政治协商制度的形成进行了初步探索并积累了丰富经验。

案例5

人民立场是我们的根基[①]

一望无际、满目苍凉、绵延不绝,泥潭沼泽遍地;早上冷得受不了,中午热得吃不消,夜间零度以下的气温冻得人瑟瑟发抖。

这就是让人望而生畏的大草地。

此时,或穿单衣,或穿夹衣,或裹毯子,或披兽皮,或戴草帽斗笠,或头顶油布,或穿草鞋,更多的是打赤脚的红四方面军官兵,正在艰难跋涉。

这是1936年7月初。由于受张国焘右倾逃跑主义和分裂主义错误的影响,已经两过草地的红四方面军官兵不得不第三次踏上这艰难的路程。虽然尽可能做了准备,但部队还是很快断粮了,大家只能吃草根树皮。最极端的情况下,饿急了的战士甚至吃过草地里的泥土。

这天中午,某通信营的指战员又饿又累,被迫停下休息。一名饿急了的小战士突然看到死水塘边有长得很像萝卜的野草,毫不思索伸手去摘。此时,一名面容憔悴、身体十分虚弱的排长抢上前来,阻止了他,说:"不要动,万一有毒呢?"小战士不知所措。排长拖着被腐臭的泥水泡得红肿的双腿,来到死水塘边,摘下片叶子放在嘴里嚼了嚼。只过了一会

[①] 高骥.人民立场是我们的根基[EB/OL].[2019-08-06].http://dangshi.people.com.cn/n1/2019/0806/c85037-31278558.html.

儿，他就感觉肚子疼痛——果然，中毒了。小战士吓得叫来了卫生员，这才把排长抢救过来。

8年后，这个为战友舍身尝野草的排长，生命定格在29岁；他的名字，通过领袖的著名演讲为人熟知；他的精神，直到今天，依然在中国共产党的血脉中传承。

他，就是张思德。

"为人民服务"

1944年9月8日下午，延安凤凰山脚下。毛泽东站在土台上，含着眼泪，为3天前牺牲的战士张思德致悼词。

虽然，张思德到毛泽东身边担任警卫工作是在去年初春，时间并不长，不过毛泽东认识并熟悉他。给毛泽东印象特别深的是，整个冬天，自己乘坐汽车外出时，总是在车后那个最容易遭到袭击也是最寒冷的警卫踏板上看到他。延安风沙极大，一开车更是尘土飞扬，站在这个位置上总是一脸一嘴的土，但是这个警卫战士从不叫苦，而且总是抢着站上这个位置，内卫班的同志们谁也抢不过他。

延安的冬天极其寒冷，中央机关需要烧木炭取暖。受到条件限制，当时在延安烧炭活像进入一个焚化炉，炎热且危险。但是，当领导知道张思德会这手艺，决定派他带人去烧炭时，他毫不犹豫地服从。张思德住在老乡家，严守群众纪律，每天还主动给老人带一捆柴回来。他曾经从狼嘴里救下儿童，常常为驻地乡亲干活。他给大家的印象是：时时处处想的都是别人。如同在草地、在长征时一样，从未改变。

在毛泽东这次演讲里，提到了开明人士李鼎铭，说他提出的精兵简政建议得到了共产党采纳。鲜为人知的是，正是由于这个政策，两年前，张思德所在的警卫部队改编，张思德由班长变成了战士。这也不是他第一次由于部队改编而"降职"了，同期入伍的战士有的都当上了团长。但是他毫无怨言，照样高高兴兴工作。

3天前，这样一个时刻把人民放在心上、唯独忘了自己的战士，走了。噩耗传来，内卫班一片哭声。毛泽东得知后说："要开追悼会，我要讲话。"

现在，毛泽东怀着对这个普通战士、对千千万万像这个普通战士一样的指战员和共产党员的敬意，怀着他作为这个党的领袖、这个军队统帅的自豪，高声地说出了代表他们，同样代表自己的心声："我们的共产党和共产党所领导的八路军、新四军，是革命的队伍。我们这个队伍完全是为着解放人民的，是彻底地为人民的利益工作的。""为人民利益而死，就比泰山还重。"

那天，工作人员记录下毛泽东的这次演讲。会后，稿件经删减整理，呈给毛泽东审阅。毛泽东看后，稍事斟酌，在文章上方一挥而就，写下五个大字："为人民服务。"

终其一生，毛泽东公开发表的悼词，只有为张思德撰写的这一篇。但就是这一篇，把一个普通战士平凡、伟大的一生，与一位领袖厚重、深邃的思考，与一个政党矢志不渝的根本立场紧密联系起来，由此，这篇演讲成为中国共产党为人民服务的光辉宣言。

1945年4月，在党的第七次全国代表大会上，毛泽东以洪亮的声音指出：紧紧地和中国人民站在一起，全心全意地为中国人民服务，就是这个军队的唯一的宗旨。

这些话，是对党从成立之日起虽艰难困苦但始终不渝的立场和奋斗历程的高度概括，是一代代共产党人始终坚信并身体力行的使命。这些话，从凤凰山脚下的土台上、从延安的窑洞里传播出去，从此以后始终回响在中国大地上，深入人心。

"上帝"在哪儿

当然，并不是只有中国共产党才说为人民服务。历史上，不少党派、名流，甚至军人，都说过类似的话。问题的根本在于：说，不代表心里信奉；做，也不一定知行合一。

比如，1947年3月，胡宗南的部队占领延安。为了在"共匪老巢"摆出为民谋利的样子以笼络人心，胡宗南别出心裁，搞了一个"为人民服务处"，服务内容包括发放赈济、免费治病、代写书信等。服务处挂牌那天很是热闹，因为张贴的通告说，延安城内不管男女老幼，只要来就发给救济金法币二十元，或者布二尺，或者米二升。"为人民服务处"门口拥挤了几天之后，胡宗南发现这样发展下去实在难以承担，更重要的是民众依旧不说国民党好话，所有的服务内容只好停止。"为人民服务处"成了胡宗南折腾的一个笑话。

口惠而心不至，徒有其表而无其质，胡宗南的可笑就在于：归根结底，国民党从他的领导人到士兵，从未真正把人民放在至高无上的地位。

就在1947年的最后一天，历经了一年军事、政治上的溃败与失利后，蒋介石在日记中写道："各方告急和失败之报，几乎如雪片飞来，不能有一刻之闲暇……自省俯仰无愧，信道益笃，成败利钝，听之天父定夺。"

众所周知，蒋介石是教徒。作为一个教徒，人生"听之天父定夺"无可厚非，但是，作为一个政党、一支军队，把天父的定夺当作最高标准，那人民的位置又在哪里呢？

有趣的是，在1945年的七大上，毛泽东这位无神论者同样讲到了"上帝"。他从中国一个古老的寓言故事愚公移山讲起，并由此生发开来，他说："现在也有两座压在中国人民头上的大山，一座叫做帝国主义，一座叫做封建主义。中国共产党早就下了决心，要挖掉这两座山。我们一定要坚持下去，一定要不断地工作，我们也会感动上帝的。这个上帝不是别人，就是全中国的人民大众。全国人民大众一齐起来和我们一道挖这两座山，有什么挖不平呢？"

在毛泽东心里，在共产党心里，人民群众就是自己的上帝，如同党章规定的那样：党除了工人阶级和最广大人民群众的利益，没有自己特殊的利益；如同毛泽东在《为人民服务》里强调的：我们完全是为着解放人民的，是彻底地为人民的利益工作的。

案例6

豆选①

"豆选"是中国共产党在陕甘宁边区抗日根据地建立基层政权的重要民主形式和途径。陕甘宁边区广大基层政权人员的组成,规定由老百姓直接选举产生。1937年5月制定的《陕甘宁边区选举条例》规定了选举可以采取多种投票方法:识字多的选民用票选法,识字不多的选民用画圈法、画杠法,完全不识字的选民用投豆法。由于当时广大基层群众文化程度不高,很多都是文盲半文盲,"豆选"就成为边区抗日根据地最重要的选举形式。通过这种"豆选",中国共产党在边区抗日根据地有效地推广了民主选举的制度,赋予了广大民众选举的权利,实现了有史以来从未有过的民主。

"豆选"这种看似简单但是政治含义十分深远的选举方式,使广大贫苦民众能够选举出他们信得过的人来组成基层政权,彻底摧毁了农村长期以来根深蒂固的封建制度。当年老百姓的歌谣唱得好:"金豆豆,银豆豆,豆豆不能随便投;选好人,做好事,投在好人碗里头。"由广大民众"投豆选干部",这是历史上从来没有过的事情,由他们选举自己信得过的人当干部,就是边区革命根据地对中国独有的基层民主模式的积极探索。

---

① 贺耀敏,郭晓明.豆选:走一条自己的路[N/OL].光明日报,2014-09-16.https://epaper.gmw.cn/gmrb/html/2014-09/16/nw.D110000gmrb_20140916_5-15.htm?div=-1.

案例7

青海海东：村民说事制度[①]

2015年，海东市延伸开展了以"提、议、定、办、评"为核心的"村民说事"制度，在具备条件的行政村里设立了"村民说事点"，召开"群众说事会"，由驻村干部、村"两委"主要负责人、包片领导一起组成工作小组，每周定期与群众通过聊天的方式，让群众就近"说事"。说事点就位于村民居住集中、往来方便的地方，如小卖部、助农代办点、村里广场等。村民在这些地点上说的事，都被如实记录。"村民说事会"提出问题后，村"两委"在前期研究讨论基础上提出初步意见，再提交说事会，所有事项在说事会上进行决策。如遇复杂情况，会后由村"两委"深入调研、提出意见，在下次说事会上再次商议。"村民说事会"议定办理的事项以及办理情况，全部公示并全程接受群众监督。

村民说事制度是我国基层民主治理的创新尝试，可以视为商谈式民主、参与式民主等理论模型的实践，是由政府主导的商谈式决策过程，搭建平台引领人民群众有序参与。其一方面实现了干部与群众平等对话，另一方面，公众的参与也是对村干部决策的补充和完善，使其决策特别是关系到村民利益的决策能够让村民满意。

---

① 赵鑫洋.农村基层民主建设创新案例及启示［J］.国家治理，2016（06）：44.

案例8

江苏沭阳：村级党群议事会制度[①]

2014年，沭阳县高墟镇邱谷村施行党群议事会制度，党群议事会代表由村民、党员、村干部等群体推选，其中普通村民代表占六成，推选结果需全村公示。党群议事会至少每月开一次，议题可由村干部提出，也可由代表提出，经村"两委"研究、公示，报乡镇党委后召开议事会。三分之二代表到场，且赞成票占三分之二，议事会所作决策才有效。议事会召开情况列入乡镇考核村居"两委"干部内容，并与其收入挂钩。

参考文献

1. 中华人民共和国国民经济和社会发展第十四个五年规划和2035年远景目标纲要［M］.北京：人民出版社，2021.

2. 中共中央关于坚持和完善中国特色社会主义制度 推进国家治理体系和治理能力现代化若干重大问题的决定［M］.北京：人民出版社，2019.

3. 人民日报评论部.习近平讲故事［M］.北京：人民出版社，2017.

4. 习近平.决胜全面建成小康社会 夺取新时代中国特色社会主义伟大胜利（在中国共产党第十九次全国代表大会上的报告）［M］.北京：人民出版社，2017.

5. 习近平.在庆祝中国共产党成立95周年大会上的讲话［M］.北京：人民出版社，2016.

6. 中共中央文献研究室.十八大以来重要文献选编 上［M］.北京：中

---

① 赵鑫洋.农村基层民主建设创新案例及启示［J］.国家治理，2016（06）：44-45.

央文献出版社，2014.

7．习近平.出席第三届核安全峰会并访问欧洲四国和联合国教科文组织总部、欧盟总部时的演讲［M］.北京：人民出版社，2014.

8．习近平.在庆祝全国人民代表大会成立六十周年大会上的讲话［J］.中国人大，2019（19）：16-21.

9．新华网.习近平在布鲁日欧洲学院的演讲（全文）［EB/OL］.（2014-04-02）.http：//www.xinhuanet.com/politics/2014-04/01/c_1110054309.html.

10．胡锦涛.胡锦涛文选 第2卷［M］.北京：人民出版社，2016.

11．邓小平.邓小平文选 第2卷［M］.北京：人民出版社，1994.

12．毛泽东.毛泽东选集 第3卷［M］.北京：人民出版社，1991.

13．房宁，丰俊功.中国特色社会主义政治发展道路的内在逻辑［N］.人民日报，2019-10-22（13）.

14．宋俭，叶丹.论中国特色社会主义政治发展道路的历史逻辑、理论逻辑、实践逻辑［J］.马克思主义理论学科研究，2019（03）：52-61.

15．赵鑫洋.农村基层民主建设创新案例及启示［J］.国家治理，2016（06）：43-48.

16．新华社."十四五"规划和2035年远景目标纲要编制记［EB/OL］.［2021-03-19］.http：//www.mod.gov.cn/topnews/2021/03/19/content_4881339.htm.

专题三 Topic 3

治国理政的基本方式
——全面推进依法治国

| 一体化设计目标及思路 |

按照"循序渐进、螺旋上升"的原则，遵循思想政治工作规律、教书育人规律、学生成长规律，进行大中小学思政课一体化专题教学设计。小学段的"没有规矩不成方圆"，引导小学生认识规则、制订规则、遵守规则，培养规则意识，学会有规矩地去生活；初中段的"法律让生活更美好"，引导初中生了解与自己日常生活密切相关的法律常识，培养初步的宪法意识，让学生感受到法律之美；高中段的"全面依法治国的基本格局"，使高中生进一步深化法律意识、增强法治思维、提升法治素养；大学段的"法治中国建设"，帮助大学生系统、深刻地认识、理解法治中国建设的制度基础、内容，增强建设法治中国的使命与担当，如图3-1所示。

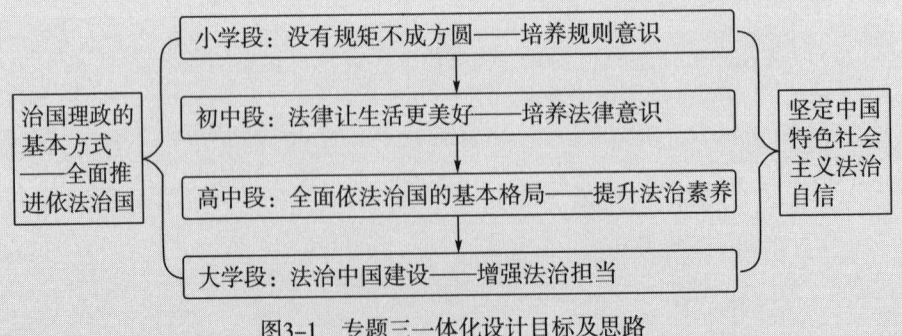

图3-1 专题三一体化设计目标及思路

小学段：没有规矩不成方圆

教学目标

通过引导学生参与制订班级公约等一系列综合性活动，让学生同集体建立有机联系，了解班级生活有规则，进而了解社会生活也有规则；教育学生遵守规则，学会有规则地生活，培养对规则的敬畏之心。

教学内容

认识自己、认识规则、制订规则、遵守规则，提出"法律"概念。

教学重难点

1. 规则的内涵及规则的重要性。
2. 了解生活中最为特殊的规则——法律。

学情分析

进入小学，学生的生活应当由原来的自然、自由的状态，进入一种"文明式"状态，他们的生活方式也应当转为一种有目的的理性生活方式。但小学阶段的学生由于其语言能力及抽象思维能力有限，处于直观动作发展的阶段，还没有形成自觉的生活反思意识，在生活中对社会概念性事件的理解和感悟还有待形成。所以他们往往缺乏规则意识，对法律更缺少必要的认识与理解。

设计思路

1. 设计思路。

本专题以"无规矩不成方圆"为主题，从学生个体出发，层层递进，环节紧扣，以达到对学生进行法律启蒙的目的。

2. 思维导图（见图3-2）。

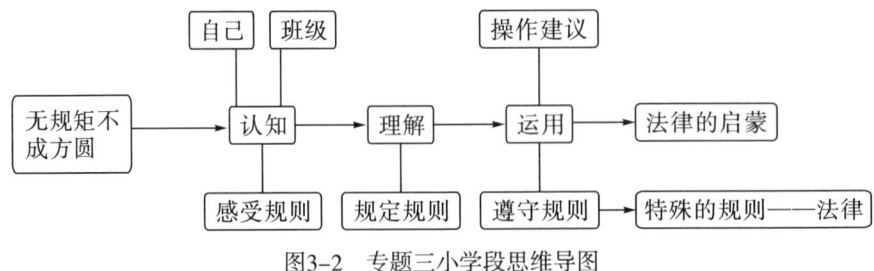

图3-2 专题三小学段思维导图

实施方案

一、导入新课

（一）认识自己：身份的转变

对于小学阶段的学生来说，从幼儿园到小学是一个重要的转折。他们的社会角色、生活方式、学习目的、学习方式、结果检验方式和活动环境都发生了很大的变化，需提前帮助他们在心理层面实现从幼儿园生活、家庭生活向学校生活的平稳过渡。在前期需引导学生形成对新身份的认同感与喜悦感，为他们能够更好地适应新环境做好准备。

操作建议：引导学生画自画像，让学生画出进入小学的自己，并把自画像张贴在教室里，以帮助他们适应新的环境。

（二）认识班级：我是班级的一员

第一步：认识教室。学生在完成角色适应后，会很自然地开始观察并适应周围的环境，引导他们了解教室里各个功能区，如图书角、失物招领箱、洗手区、作业区……了解功能区会帮助他们适应新的学习环境，从心理上产生稳定感。

第二步：认识新伙伴。进入教室后，教师应该引导学生尽快熟悉同学，适应新的人际关系。

第三步：认识老师。老师是小学生在新生活中遇到的重要群体，他们能够让学生感受到学校生活的温暖与安定。这一环节需要引导学生记住老师的姓名及主要特征，来激发他们对老师的亲近感，促进学生的人际适应。

二、议题一：认识规则——班级有规则

在适应新身份、新人际关系和新环境的过程中，一年级的小学生经常会遇到各种问题：不知道学校的铃声代表了什么；不知道在课堂中说话需要举手；不明白早上到教室需要干什么事情；不理解不经过允许不能随便动别人的东西；不清楚借了别人的东西不能不还或者不能弄坏……

在以上问题中，有一部分涉及小学生的道德规范，有一部分涉及学生必须要遵守的规则。所以在制订班级公约之前首先要让学生明白什么是规则，为什么要制订规则，没有规则的学习生活会变成什么样。从而让学生进一步明白在学校里做任何事都是有规则的，无规矩不成方圆。

操作建议：开学前教师就在教室里张贴温馨提示标语，如在黑板左上角张贴"早上五件事"的标语（一问好，二收拾书包，三整理文具，四交作业，五阅读），在教室门口张贴"课间三件事"的标语（一上卫生间，二喝水，三文明休息）等。通过这些小标语来清晰明了地告诉学生来到学校后应该做哪些事情，让他们了解这些事情就是老师和自己之间简单的约定。

三、议题二：制订规则——亲身尝试

规则对于小学生而言是冷冰冰的，所以要引导小学生从发现问题开始，通过探究和体验提出解决方案。

操作建议 班级公约1.0—3.0进阶记。

第一步：发现问题，提出解决方案，形成班级公约1.0（将这段时间班级出现的问题进行罗列展示，通过提问的方式让学生深刻地了解到班级中存在很多的问题）。

教师：最近班级出现了很多问题，让很多人都感觉到不开心，你们能举个例子吗？

生1：小扬（化名）随便动我的东西，还把东西带回家了。

生2：小明（化名）喜欢在教室里乱涂乱画，我们的教室一下子变得很脏。

生3：每次想休息的时候总有人大声地说话。

……

教师小结　我们班最近出现了以下的问题。

1. 个人卫生习惯差，乱涂乱画乱丢垃圾。
2. 上课随便离开座位，随意大声说话。
3. 自我意识强，学习生活以自我为中心，没有集体荣誉感。
4. 与人相处过程中没有礼貌。
5. 喜欢玩危险的游戏，在玩耍过程中经常会伤害到同学。

……

让学生明白这些问题的发生是因为他们不知道在校园里哪些事情该做、哪些事情不该做，由此来引出班级公约设立的必要性。让学生明白这一点后，教师可以让学生自己尝试提出解决办法，并且将学生自己制订的规则在班级试用一段时间。这套规则就是班级公约1.0版本。

第二步：实行班级公约1.0版本，发现不合理的地方并加以优化，形成班级公约2.0版本。

班级公约1.0版本在班级试用了一段时间后，学生发现部分规则的设立不合理，在实施过程中遇到了一些问题，出现了一些反对的声音。教师引导学生首先收集在班级公约1.0版本实施过程中遇到的问题，根据这些问题，大家共同商量进行优化和改进，形成班级公约2.0版本。

第三步：实行班级公约2.0版本，经进一步优化后最终形成班级公约3.0版本。

在班级公约2.0试用过程中对其进行再优化，形成最终的班级公约。教师将已经制订好的班级公约设计打印出来并张贴在班级合适的位置，用来提醒学生在班级里必须要遵守的规则。

四、议题三：遵守规则——做合格的小学生

班级公约的制订是班级人人的"必修课"。在这堂课上，学生将认识到规则无处不在，自己需要学习、遵守的规则还有很多，在任何地方都要遵守相应的规则。

操作建议1 "班级规则我知道"抢答活动

通过抢答活动让学生熟悉班级规则，同时教师也可以对学生的掌握情况做一个简单的评价。

教师：同学们！大家进入小学已经有一段时间了，我相信很多小朋友对我们班级的规则再熟悉不过了，今天我们来玩一个抢答游戏，看谁回答得又快又准！

教师：在游戏开始之前，老师先来说说游戏的规则。大家手中有一块红色的牌子，老师先出示问题，知道答案的同学先举起手中的牌子，老师选中的同学才能回答问题，回答对了可以给本小组加一颗星，回答错了就要减一颗星哦。现在，游戏开始！

教师：问题1，早晨到学校需要干哪五件事？

生1：一问好，二收拾书包，三整理文具，四交作业，五阅读。

教师（播放下课铃声）：问题2，这段铃声提醒我们要干什么？

生2：做好准备，听到老师指令后下课。

教师：问题3，下课之后可以干什么？

生3：一上卫生间，二喝水，三文明休息。

教师：问题4，举行升旗仪式时，小花随便说话随便动，她做得对吗？如果不对，请你说一说她哪里做错了？

生4：她做得不对。升旗仪式是很庄严的，我们应该注视着国旗，安静地保持立正姿势。

教师：问题5，课间，所有人都出去休息了，小明看到小天的桌子上有一块很漂亮的橡皮，他很喜欢，于是顺手放进了自己的笔袋。小明的行为

对吗？如果不对，请你说说为什么？

生5：他的行为不对。他不能在没有经过别人允许的情况下随便动别人的东西，这是不文明的行为。

教师：问题6，星星很喜欢画画。有一天，他拿到了一盒新彩笔，于是，他在教室的墙壁上乱涂乱画。你是文明小使者，请你说说他哪里做错了？

生6：教室是我们共同学习生活的家，我们要爱惜我们的家。用彩笔乱涂乱画的话，我们的家就会变得脏兮兮的，这样我们就没有办法开心、快乐地学习和生活了。

教师：问题7，佳佳看到图书角的书中有朵很漂亮的花，于是，她把花剪下来贴在自己的本子上了，你觉得她的行为怎么样呢？

生7：我觉得她的行为是不文明的。公共图书角的书是我们大家的，每个人都会去看自己喜欢的书，所以我们要爱惜图书角的书。

教师：看来我们班的小朋友对于班级的规则掌握得很棒，很多小朋友都知道正确答案。但是只会说可不行，我们还要会做。你们能不能做到呢？

生：能！

教师：那谁来告诉老师，你觉得"规则"是什么？

生8：我觉得"规则"就是我们之间的一个约定，这个约定会让我们的班级变得更加团结。

生9：我觉得"规则"是不能违反的，违反了就要受惩罚。

教师：每个小朋友说得都有道理。老师来告诉大家，"规则"就是老师和同学们一起商量出来的小约定，是我们每个人都要遵守的约定。有了这个约定，我们的班级会变得越来越好！

操作建议2 "我是合格的小学生"活动

教师：同学们，我们不仅在学校里是一名小学生，在学校之外的地方也要拿出一名合格小学生的样子来。那么，在常见的公共场所，如医院、图书馆、公园、地铁站等地方，都有哪些规则需要遵守呢？

生1：在医院、图书馆要保持安静，不能在公园里乱丢垃圾，不能在地铁站里随便奔跑，在超市买东西要自觉付钱……

教师：假如没有这样的规则，我们的生活会变成什么样子呢？如果驾驶汽车时没有规则……

生2：会有很多人因为被撞而住进医院。

教师：如果上下楼梯时没有规则……

生3：这样很多人可能会撞在一起，可能会受伤。

教师：如果上下公交车时没有规则……

生4：这样很多人都会挤在一起，可能会吵架，车也没有办法开了。

教师：如果图书馆借书没有规则……

生5：那图书管理员每天一定都很辛苦，我们也看不到自己想要看的书。

教师小结　我们的生活不能离开规则，离开规则的生活会变成一团糟。正是因为规则的存在，我们的行为才是规范的，我们的生活才是有秩序并且安全的。小朋友们也是这个社会的小主人，应该拿出合格的小学生该有的样子，自觉遵守规则。

五、议题四：特殊的规则——法律

教师通过前面培养规则意识的铺垫，引出一种特殊的规则——法律，让学生明白法律就在我们身边。

操作建议　我们的守护者——法律。

教师：在身边所有的规则中，有一种规则最为特殊，它就是法律。它不仅在暗中保护着我们，同时也规范着我们的行为。那么在生活中，你在哪些地方看到了法律的影子呢？请大家和身边的同学讨论讨论，说说自己看到的法律在哪里。

（学生讨论）

生1：我们在超市里买了东西，我们是消费者，同时我们也会受到法律的保护。

生2：爸爸妈妈结了婚，他们领了结婚证，这个也是受法律保护的。

生3：我们到了一定年龄要去上学，这是受法律保护的。

生4：马路上有两辆车撞在一起，他们需要法律的帮助。

生5：爸爸喝了酒不能开车，不然就是酒驾，违反了法律，警察会把他抓走。

……

教师：鸟儿在蓝天上飞翔，花儿在阳光下绽放。我们生活在蓝天和阳光下，也生活在法律之中。我们不仅要做一名合格的小学生，还要做一名遵纪守法的小公民，一起把我们的国家建设得更好。

教师小结 法律无时无刻不在我们身边，它像一位勇士，默默地保护着我们每一个人，为我们提供帮助，也维护着人们心中的公平正义。

考核评价

表3-1 过程性评价表

评价项目	具体内容	评价等级			
合作交流	1. 主动和同学配合。				
	2. 乐于帮助同学。				
	3. 认真倾听同学的观点和意见。				
学习技能	会用多种方法搜集、处理信息。				

续表3-1

评价项目	具体内容	评价等级			
实践活动	1. 积极动脑、动口、动手参与。				
	2. 会与别人交往。				
	3. 活动有新意。				
	4. 关注社会、关注环境的意识。				
同伴评价					
家长评价					
老师评价					
自我评价					

初中段：法律让生活更美好

教学目标

让学生通过学习，感受到法律与生活息息相关，了解保障未成年人合法权益的"四道防线"；知道法律的特征，懂得法律是一种特殊的行为规范，理解法律的规范作用和保障作用；帮助学生树立敬畏法律、遵守法律的意识，养成尊法学法守法用法的好习惯，做一个知法守法爱法的青少年。

教学内容

1. 法律的特征、作用、价值。
2. 生活需要法律来调整，法律渗透到生活的方方面面，法律伴随着我们的一生。
3. 保护未成年人的法律，保障未成年人合法权益的"四道防线"，珍惜法律赋予的保护等。

教学重难点

1. 教学重点。
（1）法律与生活息息相关。
（2）法律是一种特殊的行为规范。
（3）保障未成年人合法权益的"四道防线"。
（4）增强学生的法治观念，引导其树立法律意识、依法规范自身行为。

2. 教学难点。
（1）法律的特征。
（2）增强学生珍惜权利、自觉履行义务的意识。
（3）提高学生依法维权的意识和社会责任感，引导学生敢于并善于维护合法权益，做到知行合一。

学情分析

经过6年的小学学习，进入初中阶段的学生已经具备基本的规则意识，懂得遵守规则的道理，知道有一种特殊的规则叫法律。初中生仍处在身心发展与成长的过程中，但尚不成熟，这一阶段的青少年思维水平和社会经验有限，易受外界的影响，他们对法律知识的了解不多，在认识和态度上容易产生偏差，"遇事找法"的习惯没有养成，法治意识和能力有待提升。因此，需要加强对他们的法律知识教育，让初中生明确法律对自身权益的保护，帮助其养成"遇事找法"的行为习惯。

设计思路

1. 设计理念。

（1）创设问题情境。

选取与未成年人生活相关的法律条文设计问题情境。学生在情境体验中探寻法律，在感悟中学以致用，从而激发学生学习法律、宣传法律、践行法律的自觉性和积极性。

（2）丰富教学载体。

采用课堂调查、情景模拟、案例教学、以案释法、宣传片播放、图表比较、宣传小报制作等形式来解读法律知识，让法律条文鲜活起来，帮助学生在丰富、形象的教学载体中，强化法律认知，建立法治思维。

（3）培养思辨精神。

引导学生联系自己的实际各抒己见，通过小组的合作和探究，运用话题探讨、法治辩论、价值辨析等形式，激发学生主动学习的内驱力，让学生在思辨的过程中提升法律素养，培养思辨精神。

2. 思维导图（见图3-3）。

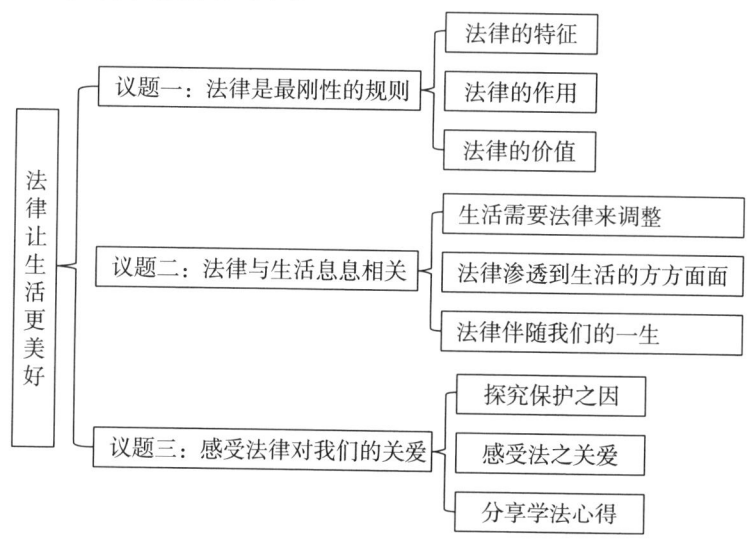

图3-3 专题三初中段思维导图

实施方案

一、议题一：法律是最刚性的规则

（一）法律的特征

"没有规矩，不成方圆。"生活中存在很多规则，这些规则是大家应共同遵守的制度或章程。它们规定了人们可以怎样做、必须怎样做和不能怎样做，这些规则大致可以分为三类：法律、道德和纪律规章。

行为探究：

请判断下列行为是属于道德范畴、法律范畴，还是校规校纪范畴。

情景一：公交车上给老人让座（道德）。

情景二：无故迟到和旷课（校规校纪）。

情景三：无证驾驶（法律）。

学生分组讨论道德、法律和校规校纪有什么共同点和不同点？

教师引导学生完成表3-2。

表3-2 法律、道德和校规校纪表

项目	产生方式	实施手段	调整对象和范围	三者的相同点
法律	国家制定或认可	国家强制力	全体社会成员	都是人们生活中的行为规则，它们共同约束人们的行为，调整社会关系，维护社会秩序
道德	自发形式	社会舆论、人们的内心信念等	全体社会成员	
校规校纪	学校制定	批评教育、学生自觉遵守	学校师生	

过渡：法律是一种特殊的行为规范，它的"特殊"性体现在哪些方面呢？

1. 法院为什么有权审判和惩处王某？

教师展示材料"［以案释法］妨害公务　依法严惩"（参见"资源链接"案例1），组织学生讨论。

教师小结　法律是由国家强制力保证实施的。国家强制力是指国家的军队、警察、法庭、监狱等有组织的国家暴力。法律的实施以强大的国家力量作后盾，而其他行为规范主要依靠社会舆论、信念、习俗、教育和行政等力量保证实施。这是法律区别于道德等行为规范的最主要特征。

2. 法律应该由谁来制定？

教师展示材料"近期我国新修订/颁布的几部法律"（参见"资源链接"案例2），并组织学生讨论。

教师小结　法律是由国家制定或认可的，道德等其他行为规范不是由国家制定的。经过一定的法律程序制定和认可，是国家创制法律的两种基本形式。制定，是指特定国家机关按照法定程序，制定法律或修改、废止现有法律的活动。认可，是指特定国家机关根据实际需要，以一定形式赋予在社会上已经存在的某些习惯、道德规范等以法律效力的活动。

我国法律的制定程序：法律议案的提出—法律议案的审议—法律议案的表决—法律的公布。

3. 法律适用于所有公民吗？

教师展示材料"老虎苍蝇一起打，保持反腐败高压态势"（参见"资源链接"案例3），并组织学生讨论。

教师小结　法律对全体社会成员具有普遍约束力。在法治社会里，公民在法律面前一律平等，任何人都没有超越法律的特权。每个公民都平等地受到法律的保护，平等地享有权利和履行义务；任何人不论职务高低、功劳大小，只要触犯国家法律，都必须承担相应的法律责任。

教师引导：习近平总书记强调，在反腐工作中打苍蝇和打老虎同等重要。要坚持老虎苍蝇一起打，既坚决查处领导干部违纪违法案件，又切实解决发生在群众身边的不正之风和腐败问题。

教师引导学生完成表3-3。

表3-3 法律的特征

特征	举例	说明
由国家制定或认可	《中华人民共和国民法典》（以下简称《民法典》）《中华人民共和国动物防疫法》等	法律的产生：全国人民代表大会及其常委会
靠国家强制力保障实施	公安特警抓捕暴恐分子	法律的实施：军队、警察、法院、监狱等
对全体社会成员具有普遍约束力	"老虎苍蝇"一起打	法律的对象：公民在法律面前一律平等，任何人都没有超越法律的特权

（二）法律的作用

教师组织学生结合"［以案释法］妨害公务 依法严惩"就以下2个问题进行小组讨论，讨论后发言。

1. 在三个案例中，法院为什么要惩处张某某、文某、杨某某？
2. 法院这样判决三人，对我们有什么启示？这说明法律具有什么作用？

教师分析要点：张某某等三人以暴力、威胁的方式阻碍国家机关工作人员等依法执行职务行为，三人的行为危害社会公共安全，违反我国刑法的规定。法律强制惩处三人，具有规范作用。

教师小结 法律规定我们应该享有的权利、应该履行的义务。法律让我们懂得在社会生活中可以做什么，应当做什么，不应当做什么。法律规范着全体社会成员的行为，保护着我们的生活，为我们的成长和发展创造安全、健康、有序的社会环境。

（三）法律的价值

教师展示材料"最高检报告点名辣笔小球：英烈不容诋毁、法律不容挑衅"（参见"资源链接"案例4），组织学生进行法律的价值辨析。

分析要点：根据《刑法修正案（十一）》的规定，这种恶意诋毁均属违法行为，应当承担法律责任，可以依法提起公益诉讼。

教师小结 在生活中，我们既受到法律的约束，又受到法律的保护。法律通过解决纠纷和制裁违法犯罪，惩恶扬善、伸张正义，维护我们的合法权益，是我们的"保护神"。法律也为我们评判自己和他人的行为提供了准绳，指引、教育人向善。

课后拓展 教师让学生以"一枝一叶总关情"为主题，办一期关于《民法典》的宣传小报。

二、议题二：法律与生活息息相关

生活需要法律，生活离不开法律，法律与生活息息相关。

教师播放歌曲《常回家看看》，引出材料：在我国"人口步入老龄化"这一现状的大背景之下，催生立法，将子女"常回家看看"作为一个硬性规定列入法规。2013年7月实施的《中华人民共和国老年人权益保障法》第十八条规定："家庭成员应当关心老年人的精神需求，不得忽视、冷落老年人。与老年人分开居住的家庭成员，应当经常看望或者问候老年人。用人单位应当按照国家有关规定保障赡养人探亲休假的权利。"

教师提问：从这则材料可以看出，生活和法律有怎样的关系？

学生讨论回答。

教师分析：成年子女与年迈老人之间的社会关系以及产生的矛盾，不仅需要道德、亲情来协调，更需要法律来调整。

（一）生活需要法律来调整

教师引入：目前，有许多未成年人可以参加演出或组成乐队，他们演出或组队时的年龄可能不到18岁。在成年之前，他们唱歌、演出的收入归谁呢？

学生各抒己见。

教师分析：《民法典》第十九条规定，八周岁以上的未成年人为限制民事行为能力人，实施民事法律行为由其法定代理人代理或者经其法定代理人同意、追认；但是，可以独立实施纯获利益的民事法律行为或者与其年龄、智力相适应的民事法律行为（比如继承、赠与，或者通过与自己年龄、智力相适应的劳动获得的劳务收入，未成年人是依法享有财产权的）。

教师小结 每一部法律都是应生活需要而制定和颁布，又对生活加以规范和调整的。我们时时处处都在自觉或不自觉地履行法律的规定，又时时处处都受到法律的约束和保护。

（二）法律渗透到生活的方方面面

教师组织学生针对以下问题进行探究与分享：有人认为法律惩罚违法犯罪，所以只要不违法犯罪，法律就离我们很遥远。你赞成这一观点吗？

教师小结 法律已经深深地嵌入我们的生活之中，渗透到社会生活的方方面面，法律通过调整社会关系，不仅服务于人们当下的生活，而且指导着人们未来的生活。

教师安排学生进行"小采访"：请你采访一下家人或亲朋好友，了解他们的工作和生活都涉及哪些法律？

学生在采访完成后，就本次采访的内容及感受与大家进行分享。

（三）法律伴随我们的一生

教师播放视频材料"一生相伴，哪些法律在保护你"（参见"资源链接"视频1）。

教师引导：从我们出生那一刻开始，《中华人民共和国未成年人保护法》便给予父母或监护人依法履行对我们的监护和抚养的义务，明确家庭、学校和社会都有保护未成年人的责任。同时，《中华人民共和国刑法》会保护我们的人身安全，警告那些居心不良的坏人：拐卖儿童将根据情节轻重被处以五年及以上有期徒刑或无期徒刑，特别严重的将被判处死刑。

转眼我们该上学了，《中华人民共和国义务教育法》确认并保障适龄儿童、少年拥有按时入学接受并完成义务教育的权利。

成人之后，根据《中华人民共和国宪法》，年满十八周岁的公民，都有选举权和被选举权，我们可以投票了。

很快，我们大学毕业要找工作了。《中华人民共和国就业促进法》和《中华人民共和国劳动合同法》一起来帮忙，保障我们在就业时不因民族、性别、户籍差异等受到歧视。同时，《中华人民共和国社会保险法》还要求用人单位为我们缴纳养老、工伤、医疗、失业和生育保险。让我们病有所治，老有可依。有了事业，也得有家庭。《民法典》与婚姻相关的条款让我们可以自主决定终身大事，没有人可以强迫或干涉；如果感情破裂离婚了，双方也能在法律范围内合理解决财产分配和孩子抚养权归属问题。

生活中总有烦心事，如果我们遇到买到假货、劣质产品，被商家蒙骗、强行交易等情况，《中华人民共和国消费者权益保护法》和《中华人民共和国产品质量法》都会保障我们的合法权益不受侵害。

慢慢地，我们年纪大了。《中华人民共和国老年人权益保障法》让我们享受社会服务和优待，不受歧视、侮辱、虐待或遗弃。赡养人必须给予我们经济上的供养、生活上的照料和精神上的慰藉。

法律与我们如影随形，相伴一生。我们每一个人，从出生到成长、上学、工作、结婚、生子，甚至到死亡，都受到法律的保护。

教师播放视频"高铁列车上又现'霸座女'，罚款200元，180天限制乘坐火车"（参见"资源链接"视频2），让学生讨论回答以下问题。

1. 如果没有法律，这个霸座的女子可能会有多少种结局？
2. 假如生活中没有法律，会出现怎样的情况？

教师小结 我们一生都享有法律规定的各项权利，同时必须履行法律规定的各项义务。只有珍惜权利，自觉履行义务，我们才能拥有更多的生存和发展空间。

三、议题三：感受法律对我们的关爱

儿童和少年的权利应当得到保护，他们没有能力保护自己，因此，社会有责任保护他们。

——马克思

（一）探究保护之因

1. 活动一：说一说。

教师展示材料"未成年人直播打赏及游戏充值可追回"（参见"资源链接"案例5）。

教师提问：为什么未成年人游戏充值可追回？

学生讨论回答。

教师小结 《民法典》明确规定，八周岁以上的未成年人为限制民事行为能力人，实施民事法律行为由其法定代理人代理或者经其法定代理人同意、追认。所以对于游戏平台的大额充值，法定代理人有权要求退款。未成年人身心发育不成熟，自我保护能力、明辨是非能力、自控能力弱，易受不良因素影响，易受不法行为侵害。未成年人游戏充值可退款，

让家长维权有了依据，可以减少损失，同时也体现了对未成年人的保护。

2. 活动二：拓展延伸。

教师播放视频"'团圆'系统：让爱回家 助力团圆梦"（参见"资源链接"视频3）。

教师解读材料："团圆"系统是公安部为适应"互联网+打拐"的时代要求而开发，于2016年5月15日正式上线的系统，至今已经接入了25个新媒体和点餐、出行、育儿等多种类型的移动应用。一旦有儿童失踪信息发布，该平台可协助公安机关第一时间将儿童失踪信息通过新媒体和移动应用终端推送至失踪地周边一定范围内，让更多群众准确获取相关信息，及时提供线索，以协助公安机关尽快破案。根据2019年6月2日新华社的报道，"团圆"系统上线3年来，共发布走失儿童信息3978条，找回3901名失踪儿童，找回率达98%。

教师提问：开放"团圆"系统的原因？

学生讨论回答。

教师小结 未成年人身心发育尚不成熟，自我保护能力较弱，辨别是非能力和自我控制能力不强，容易受到不良因素的影响和不法侵害，需要给予特殊的保护。未成年人是祖国的未来、民族的希望，是中国特色社会主义事业的接班人，他们的健康成长，关系着国家的前途和命运。习近平总书记曾强调："历史和现实都告诉我们，青年一代有理想、有担当，国家就有前途，民族就有希望，实现我们的发展目标就有源源不断的强大力量。"对未成年人给予特殊关爱和保护，已经成为全人类的共识。20世纪爆发的两次世界大战，使人类认识到儿童是战争的最大受害者，开始关注儿童的权利。1989年11月20日，联合国大会通过了《儿童权利公约》。联合国《儿童权利公约》是世界上广为接受的公约之一。未成年人的生存和发展事关人类的未来，保护未成年人的合法权益，是人类文明和社会进步的应有之义。

（二）感受法之关爱

1. 活动一：说一说。

教师提问：你知道有哪些保护未成年人权益的相关法律吗？

学生讨论回答。

教师引导：《中华人民共和国宪法》《民法典》《中华人民共和国劳动法》《中华人民共和国义务教育法》等，其中，保护未成年人的专门法律是《中华人民共和国未成年人保护法》《中华人民共和国预防未成年人犯罪法》（参见"资源链接"案例6）。

2. 活动二：拓展阅读。

教师带领学生阅读材料"为'少年的你'撑好法律'保护伞'——聚焦新修订的未成年人保护法"（参见"资源链接"案例7），点明自2021年6月1日起施行的《中华人民共和国未成年人保护法》的亮点。

亮点一，关爱呵护"留守儿童"，细化监护人监护职责。

亮点二，筑牢网络安全"防火墙"，加强监管防止沉迷。

亮点三，不做"沉默的羔羊"，强化各方报告义务。

亮点四，强化学校"防线"，向性侵和欺凌说不。

3. 活动三：小组合作探究。

教师组织学生针对以下问题进行分组讨论：从家庭、学校、社会、司法四个方面分组，讨论未成年人在生活中受到哪些具体保护？

学生分组讨论，发言。

教师小结并带领学生完成表3-4。

表3-4 保障未成年人合法权益的"四道防线"

项目	主体	要求	地位
家庭保护	父母或其他监护人	生活上的关心照顾，思想上的教育培养	是未成年人保护的第一道防线，是未成年人保护的基础

续表

项目	主体	要求	地位
学校保护	学校、幼儿园和其他教育机构	对未成年人进行教育,促进未成年人发展,维护其人身权利,保障其生命安全	在保护未成年人的工作中起着重要作用
社会保护	国家、社会团体、企业事业组织以及其他组织和个人	创造有利于未成年人健康成长的社会环境	是未成年人保护中必不可少的组成部分
司法保护	国家司法机关(包括公安机关、人民检察院、人民法院以及司法行政部门在内的广义上的司法机关)	依法履行职责,对未成年人实施专门保护	是维护未成年人合法权益的重要保障

家庭保护、学校保护、社会保护和司法保护四位一体,构筑起保障未成年人合法权益的四道防线,形成全社会关心、保护未成年人的有效机制和良好风尚。

判断四种保护的依据:

(1)保护主体——谁来保护?

(2)保护对象——保护谁?

(3)受保护的特定环境——在哪里保护?

4. 活动四:我是知法小能手。

教师出示以下材料,学生判断以下材料属于家庭保护、学校保护、社会保护和司法保护中的哪一种保护?

材料一:13岁的小王家庭条件优越,父母将她视为掌上明珠,只要条件允许,父母就会满足她提出的所有要求。小王上初中后,父母发现她越来越蛮不讲理,稍不如意就会大发脾气。

材料二:学校合理科学安排学生的课业,保证学生有足够的休息时间,保证学生每天体育锻炼的时间不少于一小时。

材料三:校车享有优先权。

材料四:科技馆免费对未成年人开放。

材料五：未成年人犯罪记录档案要封存。

材料六：服装厂收15岁的小李做学徒。

材料七：最高检出台八项措施，加强未成年人司法保护。

材料八：为创建平安校园，在成都市教育局统一部署下，成都市各中小学校积极组织学生开展消防演习、疏散演练、安全教育讲座等活动。

5. 活动五：探究与分享。

用好《民法典》，共同保护好"少年的你"。

教师展示案情材料"小学生刘某、胡某在校期间发生争执产生意外的事件"（参见"资源链接"案例8），提问：这个责任该怎么来分配？

学生讨论回答。

教师分析要点　本案发生时，刘某、胡某均为无民事行为能力人，自身的认知能力和自我保护能力较弱，学校应当承担赔偿责任。

《民法典》第一千一百九十九条规定，无民事行为能力人在幼儿园、学校或者其他教育机构学习、生活期间受到人身损害的，幼儿园、学校或者其他教育机构应当承担侵权责任；但是，能够证明尽到教育、管理职责的，不承担侵权责任。

《民法典》第一千二百条规定，限制民事行为能力人在学校或者其他教育机构学习、生活期间受到人身损害，学校或者其他教育机构未尽到教育、管理职责的，应当承担侵权责任。

同时，《民法典》还规定"自甘风险原则"，即自愿参加具有一定风险的文体活动，因其他参加者的行为受到损害的，受害人不得请求其他参加者承担侵权责任；但是，其他参加者对损害的发生有故意或者重大过失的除外。原则上，足球、篮球、自行车等运动项目自身存在一定风险，参与者都是明知的，不能因为队友的正常运动行为受伤而主张侵权赔偿。

教师引申强调　综合运用民法和刑事保护方式，预防和惩戒恶性校园欺凌、性骚扰等违法犯罪行为，一直为社会各界高度关注。2017年至2019年，检察机关共批捕校园欺凌和暴力犯罪8609人，提起公诉13430人。同学们要增强防范意识，自己被侵害或发现违法犯罪行为时，一定要及时向学校、警方报告，绝不能害怕、隐忍，否则只会助长违法犯罪行为！

（三）分享学法心得

1. 活动一：课堂小调查。

（1）你有过合法权益受到侵害的遭遇吗？

（2）当你的合法权益受到侵害时，你是怎么做的？

（3）当我们遇到法律问题时，你知道有哪些法律服务机构能给我们提供帮助吗？

（4）当他人、社会、国家的合法权益受到侵害时，你会怎么做？

2. 活动二：依法求助。

教师根据学生的真实经历，引导学生了解维权的途径，掌握依法维权的方式和途径，学会依法求助。

教师分析要点

（1）我们在遇到法律问题或者权益受到侵害时，要及时寻求法律救助，依靠法律，维护自己的合法权益。

（2）要学会通过法律服务机构来维护合法权益。常见的法律服务和帮助机构包括：律师事务所——处理法律事务，打官司辩护等；法律服务所——写文书、出主意等；公证处——依据法律和事实证明合同、遗嘱、身份等情况的真实性、合法性；法律援助中心——弱者的"保护神"。

（3）当合法权益受到非法侵害时，我们可以寻求国家的法律救济，如我们可以依法到公安机关、人民法院或人民检察院中的任何一个机关控告、举报，必要时可以直接向人民法院起诉。

3. 活动三：话题探讨。

教师组织学生讨论：是否有了家庭保护、学校保护、社会保护和司法保护，未成年人就一定能健康成长呢？

教师分析要点 未成年人自己要增强自我保护意识，提高自我保护能力，学会用法律来保护自己。

4. 活动四：课后拓展。

教师引入：2021年1月15日，教育部办公厅印发了《关于加强中小学生手机管理工作的通知》。该通知要求，中小学生原则上不得将个人手机带入校园。如确有需求的，须经家长同意、书面提出申请，进校后应将手机交由学校统一保管，禁止带入课堂。

教师请学生与父母一起探讨拟定手机使用管理规则，并形成班级"公约"。

教师小结 作为未成年人，我们正处于人生中最关键、最美好的时期，我们是国家的希望、民族的未来。正因为如此，法律对未成年人给予特殊保护，并受到家庭保护、学校保护、社会保护、司法保护。因此，我们自己应珍惜法律给予的特殊保护，珍惜自己的权利，做一个知法、懂法、守法的好少年。

考核评价

1. 主题实践。

根据学生和学校实际有选择地开展主题实践，包括校内的设计演讲比赛、法治知识竞赛，法治宣传小报、黑板报、小论文评选等活动，校外拓展，开展职业体验、法治社会小调查、志愿服务等实践活动。通过让学生经历整合内化、践行外化、反馈调节等阶段的实践，巩固教育成效。

2. 学业评价。

主要是针对教学内容进行开放式习题设计，着重考查学生的审题能力、材料解析能力、观点辨析能力、理论联系实际的能力等，对学习内容进行强化、深化，以提升学生的学习质量。

资源链接

一、案例资源

案例1

【以案释法】妨害公务 依法严惩[①]

公安民警及相关执法人员在执行公务时,应该服从管理,积极配合。但个别人在面对执法人员时无理取闹,拒不配合,甚至辱骂、威胁、暴力殴打执法人员,最终将受到法律的制裁。

案例一 冲动扔石块致民警受伤

被告人张某某驾驶电动车未按要求悬挂牌照,公安民警发现后告知其需要扣留电动车作进一步处理。

民警处警过程中,张某某情绪激动,拒不配合,还从路边捡起石块威胁执勤人员不准靠近,并欲驾驶电动车强行离开,造成一名民警右手手背受伤。

因构成妨害公务罪,张某某被元谋县人民法院判处有期徒刑六个月,缓刑一年。

案例二 酒后持刀冲撞民警获刑

被告人文某醉酒后不按规定入口进入停车场,与现场安保人员发生争执。民警出警后,文某情绪激动,不听从民警劝阻,并持刀叫嚣、辱骂、冲向出警民警,民警在表明身份且警告无效的情况下鸣枪示警,被告人文某才停止冲撞行为,被当场制服。

[①] 中共云南省委党校.【以案释法】妨害公务 依法严惩[EB/OL].(2023-12-11).https://www.yndx.gov.cn/html/231211/18784.html.

因构成妨害公务罪，文某被元谋县人民法院判处有期徒刑一年，缓刑二年。

案例三　不配合传唤持刀与执法人员对峙

在执行公务时，民警依法传唤犯罪嫌疑人杨某某。但杨某某拒不配合并手持长刀、木棒与执法人员对峙，后被制服，但导致相关人员受伤。

因构成妨害公务罪，杨某某被元谋县人民法院判处有期徒刑二年。

释法

妨害公务罪是指以暴力、威胁方法阻碍国家机关工作人员、人大代表依法执行职务，或者在自然灾害中和突发事件中，使用暴力、威胁方法阻碍红十字会工作人员依法履行职责，或故意阻碍国家安全机关、公安机关依法执行国家安全工作任务，虽未使用暴力，但造成严重后果的行为。

《中华人民共和国刑法》第二百七十七条规定，以暴力、威胁方法阻碍国家机关工作人员依法执行职务的，处三年以下有期徒刑、拘役、管制或者罚金。以暴力、威胁方法阻碍全国人民代表大会和地方各级人民代表大会代表依法执行代表职务的，依照前款的规定处罚。在自然灾害和突发事件中，以暴力、威胁方法阻碍红十字会工作人员依法履行职责的，依照第一款的规定处罚。故意阻碍国家安全机关、公安机关依法执行国家安全工作任务，未使用暴力、威胁方法，造成严重后果的，依照第一款的规定处罚。暴力袭击正在依法执行职务的人民警察的，依照第一款的规定从重处罚。

哪些是妨碍民警执行职务行为？

言语方面：侮辱谩骂。对民警的执法形象或个人人格进行辱骂、诅咒；威胁恐吓。对民警进行言语上的挑衅，威胁民警自身或家人的人身安全；栽赃诬陷。

肢体方面：物理阻碍。通过用肢体拦、挡、堵、截等行为阻碍民警执行公务，使民警不能接近或带走被执法对象。肢体冲突。使用推、拉、扯、拽等行为干扰民警执行公务。暴力抗法。以打、砸、抢、杀等措施对抗民警执行公务，造成民警伤亡。

其他方面：以无辜自居嚷闹，或以自伤、自杀威胁，阻碍民警执行公务，引起群众围观、起哄，造成执法现场混乱。

案例2

近期我国新修订/颁布的几部法律

《中华人民共和国未成年人保护法》已由中华人民共和国第十三届全国人民代表大会常务委员会第二十二次会议于2020年10月17日修订通过，自2021年6月1日起施行。[①]

《中华人民共和国刑法修正案（十一）》已由中华人民共和国第十三届全国人民代表大会常务委员会第二十四次会议于2020年12月26日通过，自2021年3月1日起施行。刑法修正案（十一）的修改主要围绕维护人民群众生命安全、安全生产、金融市场秩序、知识产权、生态环境、与疫情防控相关的公共卫生安全等领域的刑法治理和保护。[②]

最高人民法院、最高人民检察院2021年2月27日发布补充规定，根据刑法修正案（十）和刑法修正案（十一），对《最高人民法院关于执行〈中华人民共和国刑法〉确定罪名的规定》《最高人民检察院关于适用刑法分则规定的犯罪的罪名的意见》作出补充、修改，明确了妨害安全驾驶罪，负有照护职责人员性侵罪，袭警罪，冒名顶替罪，高空抛物罪，侮辱国旗、国徽、国歌罪，侵害英雄烈士名誉、荣誉罪，非法植入基因编辑、克

[①] 人民日报.中华人民共和国未成年人保护法［EB/OL］.（2020-12-7）.http://legal.people.com.cn/n1/2020/1207/c42510-31956951.html.
[②] 人民日报.中华人民共和国刑法修正案（十一）［EB/OL］.（2021-01-04）.http://legal.people.com.cn/n1/2021/0104/c42510-31987358.html.

隆胚胎罪等。规定自2021年3月1日起施行。①

2020年5月28日,第十三届全国人民代表大会第三次会议通过了《民法典》。民法典是新中国历史上第一部法典化的法律,它施行后,现行的民法通则、婚姻法、继承法、收养法、担保法、合同法、物权法、侵权责任法、民法总则等9部单行法律将同时废止,我国民事权利保护进入法典时代。②

案例3

老虎苍蝇一起打,保持反腐败高压态势③

习近平总书记在十九届中央纪委四次全会上强调,要继续坚持"老虎""苍蝇"一起打,重点查处不收敛不收手的违纪违法问题。这对推动全面从严治党向纵深发展具有重大指导意义。站在实现"两个一百年"奋斗目标的历史交汇点上,推进国家治理体系和治理能力现代化,必然要求继续深化全面从严治党,把"严"的主基调长期坚持下去,不断巩固发展反腐败斗争压倒性胜利。

---

① 人民网.两高明确执行袭警罪冒名顶替罪等罪名［EB/OL］.（2021-03-01）.http：//henan.people.com.cn/n2/2021/0301/c351638-34597943.html.
② 人民网.保障头顶安全,民法典有保障［EB/OL］.（2020-07-10）.http：//sh.people.com.cn/n2/2020/0710/c375987-34147546.html.
③ 人民网.老虎苍蝇一起打,保持反腐败高压态势［EB/OL］.（2020-02-13）.http：//fanfu.people.com.cn/n1/2020/0213/c64371-31584821.html.

案例4

最高检报告点名辣笔小球：英烈不容诋毁、法律不容挑衅①

英烈不容诋毁、法律不容挑衅！最高人民检察院工作报告指出，网民"辣笔小球"恶意诋毁贬损卫国戍边英雄官兵，江苏检察机关迅速介入，依法适用今年3月1日起施行的刑法修正案（十一），首次以涉嫌侵害英雄烈士名誉、荣誉罪批准逮捕，并在军事检察机关支持配合下，开展公益诉讼调查。

案例5

未成年人直播打赏及游戏充值可追回②

原告王先生称2019年5月18日至19日短短两天内，其十二岁的儿子在其不知情的情况下，将钱从他母亲手机里转账到他手机里用于直播打赏及游戏充值，累计40000余元，其中在被告经营的直播平台打赏17000多元。原告认为其孩子在某知名直播平台充值17000多元，其作为父母未尽到监护责任，应承担相应的责任，但直播平台也未尽到相应的审核义务，应当部分返还充值金额。希望法院支持原告的诉讼请求。

2020年初，经过北京互联网法院的调解，涉诉直播平台退还了本案原告部分打赏款项。北京互联网法院董学敏法官说："把基本的事实固定下来，这个数额是多少钱，由谁来打赏过去的，这笔钱流到了哪？就基本上

---

① 中国网.最高检报告点名辣笔小球：英烈不容诋毁、法律不容挑衅［EB/OL］.（2021-03-09）.http://henan.china.com.cn/legal/2021-03/09/content_41489504.htm.
② 网易.CCTV-13《法治在线》：关注未成年人网络保护［EB/OL］.（2021-05-20）.https://www.163.com/dy/article/GAEPAJ860546HOKJ.html.

确认了这么一些事实。调解的结果就是他们退还了大部分的款项，余下的部分因为孩子的父母也有监护责任的缺失，这部分应由他们来承担。"

案例6

保护未成年人权益的相关法律

《中华人民共和国宪法》第四十六条：中华人民共和国公民有受教育的权利和义务。国家培养青年、少年、儿童在品德、智力、体质等方面全面发展。①

《中华人民共和国劳动法》第十五条：禁止用人单位招用未满十六周岁的未成年人。文艺、体育和特种工艺单位招用未满十六周岁的未成年人，必须依照国家有关规定，履行审批手续，并保障其接受义务教育的权利。②

《中华人民共和国未成年人保护法》第三条：国家保障未成年人的生存权、发展权、受保护权、参与权等权利。未成年人依法平等地享有各项权利，不因本人及其父母或者其他监护人的民族、种族、性别、户籍、职业、宗教信仰、教育程度、家庭状况、身心健康状况等受到歧视。③

《中华人民共和国民法典》第一千零六十七条：父母不履行抚养义务的，未成年子女或者不能独立生活的成年子女，有要求父母给付抚养费的权利。④

---

① 中国法院网.中华人民共和国宪法［EB/OL］.https: //www.chinacourt.org/law/detail/2018/03/id/149998.shtml.
② 中国法院网.中华人民共和国劳动法［EB/OL］.https: //www.chinacourt.org/law/detail/1994/07/id/20193.shtml.
③ 中国法院网.中华人民共和国未成年人保护法［EB/OL］.https: //www.chinacourt.org/law/detail/2020/10/id/150202.shtml.
④ 中国法院网.中华人民共和国民法典［EB/OL］.https: //www.chinacourt.org/law/detail/2020/06/id/150163.shtml.

案例7

为"少年的你"撑好法律"保护伞"
——聚焦新修订的未成年人保护法[①]

新修订的未成年人保护法17日经十三届全国人大常委会第二十二次会议表决通过,自2021年6月1日起施行。

给孩子们一个更安全、更温馨的成长环境,是全社会的共同心愿。新修订的未成年人保护法有哪些亮点?将如何进一步织密法治之网、筑牢法律基石,提升未成年人保护法治化水平?记者进行了梳理。

亮点一:关爱呵护"留守儿童" 细化监护人监护职责

新修订的未成年人保护法对监护人的监护职责作出全面规定,未成年人的父母或者其他监护人应当为未成年人提供生活、健康、安全等方面的保障,关注未成年人的生理、心理状况和情感需求,保障未成年人休息、娱乐和体育锻炼的时间等。

随着人口流动速度的加快,"留守儿童"群体规模也在不断加大。新修订的未成年人保护法对父母或者其他监护人因外出务工等原因在一定期限内不能完全履行监护职责的,要求其委托具有照护能力的完全民事行为能力人代为照护;无正当理由的,不得委托他人代为照护。

监护人将未成年人"一托了之"怎么办?新修订的未成年人保护法明确,确定被委托人时要"听取有表达意愿能力未成年人的意见",并规定未成年人的父母或其他监护人要与未成年人、被委托人至少每周联系和交流一次,了解未成年人的生活、学习、心理等情况,并给予未成年人亲情关爱。

北京师范大学未成年人检察研究中心教授宋英辉说,此规定将避免实

[①] 新华社.为"少年的你"撑好法律"保护伞"——聚焦新修订的未成年人保护法[EB/OL].(2020-10-17).http://www.xinhuanet.com/2020-10/17/c_1126624453.htm.

践中监护人因外出务工等原因导致监护实际缺位的问题，保障未成年人的安全、健康、教育等。

亮点二：筑牢网络安全"防火墙" 加强监管防止沉迷

伴随着互联网的高速发展，孩子们在尽情遨游互联网海洋的同时，也面临着越来越多的网络安全风险。网络沉迷、网络欺凌、网络色情等问题频发，如何保障和引导未成年人安全、合理使用网络？

新修订的未成年人保护法专门增设"网络保护"一章。针对未成年人沉迷网络等问题，新修订的未成年人保护法作出规定：网络产品和服务提供者不得向未成年人提供诱导其沉迷的产品和服务。网络游戏、网络直播、网络音视频、网络社交等网络服务提供者应当针对未成年人使用其服务设置相应的时间管理、权限管理、消费管理等功能。

在应对网络欺凌方面，新修订的未成年人保护法作出规定，遭受网络欺凌的未成年人及其父母或者其他监护人有权通知网络服务提供者采取删除、屏蔽、断开链接等措施。网络服务提供者接到通知后，应当及时采取必要的措施制止网络欺凌行为，防止信息扩散。

全国人大常委会法工委社会法室主任郭林茂表示，新修订的未成年人保护法从政府、学校、家庭、网络产品和服务提供者不同主体出发，对网络素养教育、网络信息内容管理、个人信息保护、网络沉迷预防和网络欺凌防治等内容作了规定，力图实现对未成年人的线上线下全方位保护。

亮点三：不做"沉默的羔羊" 强化各方报告义务

现实生活中，一些未成年人合法权益受到侵害，但出于恐惧等原因不敢报告。

新修订的未成年人保护法明确了相关组织和个人的报告义务，规定任何组织或者个人发现不利于未成年人身心健康或者侵犯未成年人合法权益的情形，都有权劝阻、制止或者向公安、民政、教育等有关部门提出检举、控告。

"这是从强制报告的角度，进一步解决'发现难'的问题。"北京青少年法律援助与研究中心主任佟丽华说。

新修订的未成年人保护法在社会保护方面的另一大亮点，是强化了住宿经营者保护未成年人的责任，要求旅馆、宾馆、酒店等住宿经营者接待未成年人入住，或者接待未成年人和成年人共同入住时，应当询问父母或者其他监护人的联系方式、入住人员的身份关系等有关情况；发现有违法犯罪嫌疑的，应当立即向公安机关报告，并及时联系未成年人的父母或者其他监护人。

上海市法学会未成年人法研究会会长姚建龙表示，该条款是未成年人保护共同责任原则的体现，今后在条款落实上，可参照网吧管理模式，要求住宿经营者设置警示标志、严格年龄核实义务等。

亮点四：强化学校"防线" 向性侵和欺凌说不

针对未成年人性侵害及性骚扰案件，新修订的未成年人保护法明确，对性侵害、性骚扰未成年人等违法犯罪行为，学校、幼儿园不得隐瞒，应当及时向公安机关、教育行政部门报告，并配合相关部门依法处理。

此外，新修订的未成年人保护法还要求密切接触未成年人的单位招聘工作人员时，应当向公安机关、人民检察院查询应聘者是否具有性侵害、虐待、拐卖、暴力伤害等违法犯罪记录；发现其具有前述行为记录的，不得录用。

"从世界各国的相关数据和经验来看，性侵未成年人等犯罪的再犯率是比较高的。"中国政法大学未成年人事务治理与法律研究基地副主任苑宁宁说，对于有过这些犯罪记录的人员，应限制他们从事相关职业。

在防治校园欺凌问题上，新修订的未成年人保护法明确，学校应当建立学生欺凌防控工作制度，对教职员工、学生等开展防治学生欺凌的教育和培训。学校对学生欺凌行为应当立即制止，通知实施欺凌和被欺凌未成年学生的父母或者其他监护人参与欺凌行为的认定和处理。

案例8

小学生刘某、胡某在校期间发生争执产生意外的事件[①]

刘某、胡某均为某小学学生,上体育课期间,老师在操场指导一些学生训练,刘某、胡某与其他学生在篮球场边自由活动,该区域没有老师看管。胡某从背后推了刘某一下,刘某撞到球架立柱上牙齿受伤,先后到医院治疗多次,支付医疗费、营养费等共计6300余元。刘某要求学校、胡某及其监护人赔偿上述费用及后续治疗费用。这个责任该怎么来分配?法院最终判决,学校、胡某及其监护人分别承担一定比例的责任。

二、视频资源

1. 一生相伴,哪些法律在保护你,https://tv.cctv.com/2014/10/21/VIDE1413901435635150.shtml.

2. 高铁列车上又现"霸座女",罚款200元,180天限制乘坐火车,http://tv.cctv.com/2018/09/20/VIDE8PKdBWlPhtZE3ZJtoHpH180920.shtml.

3. "团圆"系统:让爱回家 助力团圆梦,https://v.youku.com/v_show/id_XNDAxOTI4NDQ4NA==.html.

[①] 腾讯网.民法典如何保护少年的你?[EB/OL].(2020-10-06).https://xw.qq.com/amphtml/20201006A0B7WR00.

高中段：全面依法治国的基本格局

教学目标

通过对全面依法治国的基本格局的教学，使高中生知道全面依法治国是我国治国理政的基本方式，全面推进依法治国是一个系统工程，是国家治理领域一场广泛而深刻的革命；明确全面依法治国的基本格局是科学立法、严格执法、公正司法、全民守法，并理解其内涵、标准和要求，懂得如何具体推进科学立法、严格执法、公正司法、全民守法。引导高中生进一步强化法律意识、增强法治思维、提升法治素养，学会在日常生活中自觉做到尊法学法守法用法，成为社会主义法治的忠实崇尚者、自觉遵守者和坚定捍卫者。

教学内容

以"从法律到法治"导入新课，主要教学内容将围绕如何推进"全面依法治国"展开，解析全面依法治国的新"十六字方针"——"科学立法、严格执法、公正司法、全民守法"。让学生理解"十六字方针"体现了一定的理论性和系统性，符合高中生的认知能力和学习目标。因此，本教学设计主要探究"十六字方针"四个方面各自的内涵、标准，以及推进的方法。

教学重难点

1. 教学重点。

（1）科学立法的内涵、标准和推进方法；（2）严格执法的内涵，推进严格执法的方法；（3）公正司法的内涵、推进公正司法的方法；（4）全民守法的内涵、推进全民守法的方法。

2. 教学难点。

（1）科学立法的判断标准；（2）推进严格执法的方法；（3）人权司法保障制度；（4）全民守法的内涵。

学情分析

高中学生正处于世界观、人生观和价值观形成的关键时期，在这一阶段，他们开始由感性思维向理性思维发展，其抽象思维、逻辑思维和辩证思维也在不断形成。对于事物的认识，他们不仅想要知道这个事物"是什么"，更渴望去探寻"为什么""怎么做"，即不仅仅要"知其然"，还要"知其所以然"。基于此，教师应该向他们传授具有一定理论深度和较为系统的知识，注重启发其辩证思维、培育其参与意识。具体到法治教育这部分内容，通过小学、初中进行的道德与法治教育，高中生已经较为认同规则意识，也具备一定的法律常识。为此，教师应该让他们学习"法治"相关内容，特别是让他们以一个较为全面、系统的视角去了解法治，实现其认知范围从"身边事"向"社会事""国家事"的上升，引导学生进一步强化法律意识、增强法治思维、提升法治素养。

设计思路

1. 设计理念。

本教学设计遵循大中小学思政课一体化课堂教学的整体思路，以课程标准和普通高中教科书《思修政治必修3 政治与法治》第三单元的内容为依据，以《民法典》的编撰和实施为主要教学情境，以提高政治认同、法律意识和责任担当为落脚点，以议题探究法和教学实践法为主要教学方法，展开教学活动。在教学内容上，围绕"一体化"教学的目标，小学阶段实现学生的规则意识培养，初中阶段让学生知晓"法律让生活更美好"，高中阶段帮助学生提升法治素养，明确法治是治国理政的基本方式以及如何推进依法治国，以此体现"一体化"教学的系统性、整体性，让思政教育更具理论高度和实践深度。在教学形式上，以议题探究法为主，选取反映社会现实的热点材料，设置相应情境，让学生合作探讨相关问题，从而在具体情境中认识、感受和理解依法治国，提高思辨能力。同时，还应展开丰富的教学实践活动，通过"模拟立法听证会""走进人民法院"等实践活动，让学生在真实场景之中体验法律的威严和法治的运行，帮助其进一步深化知识理解，提高实践运用能力。另外，应辅以课后拓展阅读、观看相关影片等延伸环节，让学生进一步积累法律相关知识、提升理性认识、树立法治思维。

2．思维导图（见图3-4）。

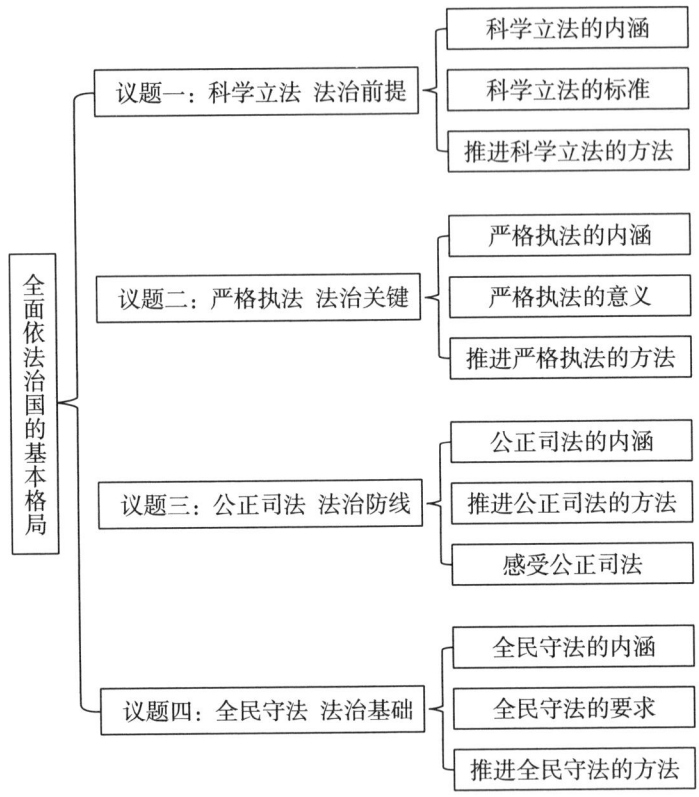

图3-4　专题三高中段思维导图

实施方案

一、导入新课：从法律到法治

从认识《民法典》开始，围绕《民法典》的颁布探究《民法典》与我们的关系，了解依法治国就是依照法律来治理国家，是中国共产党领导人民治理国家的基本方略，从而展开对"全面依法治国"这一话题的讨论。

环节一：猜猜它是什么，走近《民法典》。

教师提问：猜猜《民法典》是什么？

学生回答后教师阐述：《民法典》自2021年1月1日起正式施行，被誉为"社会生活的百科全书"，是新中国成立以来第一部以"法典"命名的法律，是一部固根本、稳预期、利长远的基础性法律，在中国特色社会主义法律体系中具有重要地位。接下来我们就来了解一下《民法典》。

环节二：三分钟视频，了解《民法典》。

教师播放视频"三分钟让你了解《民法典》"（参见"资源链接"视频1），并提问：

1. 《民法典》与你有关系吗？
2. 它在我们的生活中发挥着什么作用？
3. 除了《民法典》你还知道哪些法律？国家为什么要制定颁布各项法律？

教师总结：《民法典》被誉为"社会生活的百科全书"，内容涵盖了我们从出生到死亡的方方面面，与我们的生活息息相关。它维护着我们的利益，规定了我们在民事方面的权利和义务。而且，国家不仅颁布了《民法典》，还颁布了《中华人民共和国宪法》《中华人民共和国刑法》《中华人民共和国行政法》等一系列法律法规，国家就是通过这一系列的法律法规来规范公民的行为、管理社会公共事务，实现国家与社会的有序运行。我国是社会主义法治国家，全面依法治国，是中国人民的主张、理念，也是中国人民的实践。习近平总书记说："《民法典》在中国特色社会主义法律体系中具有重要地位，是一部固根本、稳预期、利长远的基础性法律，对推进全面依法治国、加快建设社会主义法治国家，对发展社会主义市场经济、巩固社会主义基本经济制度，对坚持以人民为中心的发展思想、依法维护人民权益、推动我国人权事业发展，对推进国家治理体系和治理能力现代化，都具有重大意义。"我们就通过《民法典》来深入探究如何推进"全面依法治国"。

二、议题一：科学立法 法治前提

以材料"《中华人民共和国民法典》编纂之路"切入（参见"资源链接"案例1），让学生认识《民法典》的编纂是科学立法的具体体现。通过文字与视频资料，让学生了解《民法典》的前世今生，探究科学立法的标准，再通过关于《民法典》编纂过程的视频材料，探究推进科学立法的要求。

（一）科学立法的内涵

环节一：《民法典》之诞生。

《民法典》于2020年5月28日经十三届全国人大三次会议表决通过，于2021年1月1日正式实施。《民法典》的诞生经历了大量的准备工作。教师展示材料"《中华人民共和国民法典》编纂之路"（参见"资源链接"案例1），并提问：

1. 《民法典》的编纂为什么经历了如此繁复的过程？
2. 《民法典》的编纂过程体现了全面依法治国的什么要求？
3. 你认为什么叫"科学立法"，它的内涵是什么？它对法治的重要性是什么？

学生思考问答。

教师小结：《民法典》编纂经历的这些繁杂的过程，是为了达到科学立法这一目标。所谓科学立法，是要尊重和体现社会发展的客观规律，不断提高法律的质量。科学立法，是依法治国的重要前提。

知识点

科学立法的内涵：要尊重和体现社会发展的客观规律，不断提高法律的质量。

（二）科学立法的标准

环节二：《民法典》之初衷。

教师展示材料"《中华人民共和国民法典》第一编总则第一章第一条基本规定"（参见"资源链接"案例2），并提问：

1. 根据材料，说说《民法典》的立法目的和立法依据分别是什么？
2. 这说明科学立法的标准是什么？

学生思考回答。

教师小结：《民法典》的制定是为了保护民事主体的合法权益，调整民事关系，维护社会和经济秩序。这与我国社会主义国家性质是相契合的，它的制定顺应时代发展的要求，定将推动国家发展进步。

知识点

科学立法的标准：体现我国社会主义国家性质，顺应时代发展的要求，推动国家发展进步，保障人民各项权利。立法要符合我国的政治制度和历史传统，要与新时代中国特色社会主义伟大进程相适应。

环节三：《民法典》之由来。

学生观看视频"新时代的民法典"（参见"资源链接"视频2），了解《民法典》的前世今生。教师提问：

1. 为什么我国到现在才制定出第一部民法典？
2. 《民法典》正式实施经过了哪些程序？
3. 总结归纳"科学立法"的标准。

学生观看视频后思考回答。

教师小结：我国第一部以"法典"命名的法律能够出台，是我国各方面条件成熟的结果，是与我国国情和实际相符合的，它的制定能科学合理地规范公民、法人和其他组织的权利和义务，符合社会发展的需要。它的制定过程也遵循了法律体系的内在逻辑和立法工作规律，遵循立法程序，注重立法技术，体现了立法过程的科学化。

> **知识点**

科学立法的标准：①科学立法符合国情和实际；②立法必须遵循法律体系的内在逻辑和立法工作规律。

（三）推进科学立法的方法

环节四：《民法典》之编撰。

教师展示视频资料"《民法典》是科学立法、民主立法、依法立法的生动实践"（参见"资源链接"视频3）以及案例"《中华人民共和国立法法》第四、五、六条"（参见"资源链接"案例3），并提问：

1. 应如何具体推进科学立法？
2. 它的途径和方法有哪些？

学生分小组合作探究并回答。

教师小结：科学立法要做到依法立法，充分发扬民主，合理设定权利与义务、权利与责任。

> **知识点**

推进科学立法的方法：①依法立法；②充分发扬民主；③合理设定权利与义务，权力与责任。

环节五：模拟立法听证会。

教师选择《民法典》中的一条具体法规（如离婚冷静期的设定、高空抛物处置办法等），学生们分别扮演普通市民、人大代表、政协委员、学术专家、新闻媒体记者等角色，召开模拟立法听证会，以直观感受科学立法的过程。

三、议题二：严格执法 法治关键

以城管执法人员与违章经营的小贩之间的争执为情境，通过具体案例层层探究"严格执法"的内涵、意义和推进的方法。

（一）严格执法的内涵

环节一：缘起篇。

教师播放视频材料"纪录片《城市梦》——摆摊户和城管的对峙"（参见"资源链接"视频4），展示城管执法人员与违章小贩之间的冲突。

教师提问：对于纪录片中小贩的违章经营，城管执法人员该不该管？为什么？又该如何管？请总结严格执法的含义。

学生讨论后回答。

教师小结：法律制定了就是要执行的。如果不执行，那法律就是形同虚设，依法治国也无从谈起，正如王勃所说："法立，有犯而必施；令出，唯行而不返。"[①]这就需要执法机关严格执法，维护法律的权威与尊严。

知识点

严格执法的内涵：执法机关在执法过程中严格依法办事。

（二）严格执法的意义

教师播放视频材料"《法治中国》第三集《依法行政》"（参见"资源链接"视频5），并提问：

1. 结合视频资料，可以看出"严格执法"的最重要的主体是谁？
2. 你认为严格执法的基本要求是什么？

---

① 思想政治必修3 政治与法治［M］.北京：人民教育出版社，2019：100.

3. 严格执法有何意义？

教师小结：在我国，行政机关是执法最重要的主体。从视频中我们可以看出，严格执法须按照法律要求，坚持法定职责必须为、法无授权不可为。这样做，有助于捍卫法律的权威和尊严，有助于实现社会的公平正义，有助于推进建设法治政府。这是全面依法治国的关键所在。

知识点

①严格执法最重要的主体：行政机关。

②严格执法的意义：有助于捍卫法律的权威和尊严；有助于实现社会公平正义；有助于推进建设法治政府。

（三）推进严格执法的方法

环节二：探索篇。

教师展示材料"法院认定城管故意伤害行为系邓正加死亡诱因"（参见"资源链接"案例4），并播放视频"'眼神执法'警惕'软暴力'执法"（参见"资源链接"视频6）及"城管与摆摊大爷互跪"（参见"资源链接"视频7），并提问：

1. 对于以上执法方式，你如何看待和评价？
2. 这些案例对推进严格执法有何启示？你能够提炼出哪些关键词？

学生分小组讨论后回答。

教师播放视频"行政执法，如何更规范公正文明"（参见"资源链接"视频8）并总结：行政执法"三项制度"，即推行行政执法公示制度、执法全过程记录制度、重大执法决定法制审核制度，对于促进严格规范公正文明执法，保障和监督行政机关有效履行职责，维护人民群众合法权益，具有重要意义。

知识小结

推进严格执法的方法：坚持规范执法，坚持公正执法，坚持文明执法。

环节三：筑梦篇。

教师展示案例"《民法典》倡导的法律精神"（参见"资源链接"案例5），进一步提问：

为共筑城管执法人员与小贩的城市梦，《民法典》的规定对城管执法方式的不断优化有何启示？学生分组讨论后回答，教师需启发学生说出一些具体的措施办法。

学生讨论后教师播放视频"《城市梦》结尾片段"（参见"资源链接"视频9），让学生感受执法方式的优化和创新，感受政府执法的温度。

四、议题三：公正司法 法治防线

以习近平总书记关于公正司法的论述切入，明确《民法典》发挥效力需要有公正的司法来保障，进而探讨公正司法的内涵。以各地《民法典》第一案为材料依托，探究推进司法公正的方法。

（一）公正司法的内涵

环节一：认识司法公正

教师展示材料"习近平总书记关于公正司法的论述"（参见"资源链接"案例6），并提问：

1. 哪些因素会影响《民法典》的公信力？其中你认为保障性因素是什么？

2. 公正司法的内涵是什么？它的具体要求是什么？程序公正与结果公正是什么关系？

3. 在现实生活中，你了解到的体现出公正司法的事例有哪些？

4. 我国司法公正的主体是哪些？我国的司法机关有哪些？

5. 在公正司法过程中，司法机关应如何行使职权？

学生分组合作探究后回答。

教师小结：公正司法，就是要在司法活动的过程和结果中坚持和体现公平正义，具体要求司法程序及司法结果要公正。我国的司法机关是各级法院和检察院，推进公正司法，必须确保审判权和检察权依法独立行使。

> **知识点**

①公正司法的内涵：公正司法，就是要在司法活动的过程和结果中坚持和体现公平正义。

②推进公正司法的方法：确保审判权和检察权依法独立行使。

（二）推进公正司法的方法

环节二：透视各地《民法典》第一案。

教师展示案例材料"透视各地《民法典》第一案"（参见"资源链接"案例7），提问：

1. 结合上述案例谈谈，为实现司法公正，在司法审判中要参考哪些因素？这说明推进司法公正有哪些方法？

2. 你能介绍其他地方的"《民法典》第一案"吗？有哪些渠道可以获取这些案例信息？这说明我国为实现司法公正还采取了什么措施？

学生合作探究后回答。（教师可现场链接中国庭审公开网等网站资源，向学生展示案例查找的渠道，以展示司法的公开、透明。）

教师小结：推进公正司法，必须坚持以事实为根据、以法律为准绳，做到事实认定符合客观真相，构建开放、动态、透明、便民的阳光司法机制，坚持人民司法为人民、靠人民。

> **知识点**

推进公正司法的方法：坚持以事实为依据，以法律为准绳，做到事实认定符合客观真相、办案结果公正、办案程序公正；坚持人民司法为人民，依靠人民推进公正司法。

教师提问：你有旁听过法院庭审吗？法院庭审有哪些人员参加？法院庭审一般包括哪些环节，最重要的环节是什么？

学生回答，教师补充。

教师提问：为什么要设置这些环节？它体现了什么原则？保障了当事人的什么权利？

教师小结：推进公正司法，还必须加强人权司法保障。强化诉讼过程中当事人和其他诉讼参与人的知情权、陈述权、辩护辩论权等的制度保障。健全落实"罪行法定、疑罪从无、非法证据排除"三项原则（参见"资源链接"案例8）。

知识点

推进公正司法的方法：加强人权司法保障。

（三）感受公正司法

环节三：实践活动——走进人民法院。

"走进人民法院"可以作为一次校外实践活动，由学生负责策划组织，借助学校、家长等相关渠道与当地法院取得联系，完成实践活动。应事先让学生上网查阅相关资料，事先做好一些准备，知道哪些类型的案件是可以旁听的，旁听庭审需要办理哪些手续。

旁听庭审后，学生就以下问题展开探讨：

1. 结合庭审的过程和裁判书的具体内容谈谈，程序正义在审判过程中是如何体现的。

2. 结合所学知识，说说公正司法应如何推进，公平正义是如何得到保障的。

环节四：实践活动——模拟法庭。

"模拟法庭"可以作为高中生常规性的法治教育实践活动。在活动过程中，让学生们扮演不同的角色，如法院工作人员、公诉方、被告方、受害人、观众等。教师选取贴近学生生活的违法犯罪案例，引导学生充分准备各项庭审材料，体现严肃性和客观性。通过"模拟法庭"的实践活动，让学生在真实、完整的模拟庭审过程中感受法庭氛围、感受法律威严，促使他们在"做中学"，使他们能更加主动、积极地学习法律知识，真正做到遵法、学法、守法、用法，不断增强法治认同，强化法治思维。

五、议题四：全民守法 法治基础

以"《民法典》知识问答"游戏导入新课内容，通过两则生活案例和《民法典》相关规定，探讨全民守法的内涵和要求。让学生就如何普及《民法典》设计活动方案，最后通过现实中存在的"信'访'不信法"的案例让学生加强对依靠法律、用好法律的理解。

（一）全民守法的内涵

环节一：《民法典》知识问答。

教师结合材料"小明，怎么又是你？！"（参见"资源链接"案例9），让学生进行"《民法典》知识问答"游戏。

教师小结：《民法典》与我们的生活息息相关。作为公民，认识、学习《民法典》是第一步；第二步就是在此基础上逐渐形成尊重法律、信仰法律的意识，能够依法行使权利和履行义务。这就是全民守法的内涵，是我们实现依法治国的基础。

知识点

全民守法的内涵：所有社会成员普遍尊重和信仰法律、依法行使权利和履行义务的状态。

（二）全民守法的要求

环节二：《民法典》相关案例分析。教师展示材料"何某弹琴扰民"（参见"资源链接"案例10），以及"《民法典》第二百九十四条"（参见"资源链接"案例11），并提问：

1. 何某的行为是否侵犯了邻居的权益？
2. 如果遇到类似情况，你会如何做？这说明全民守法的要求是什么？

教师展示案例材料"高青县为警方拘留一为讨薪爬塔吊男子"（参见"资源链接"案例12），以及"《民法典》第一千一百七十七条及第一千二百四十三条"（参见"资源链接"案例13），并提问：

1. 该男子为什么会受到处罚？
2. 他的讨薪办法合理吗？他有哪些正当的维护自身权利的途径？
3. "全民守法"的要求还有哪些？

学生讨论回答。

教师小结：全民守法的要求是依法行使权利和履行义务，依法维护自己的正当权益。

知识小结

全民守法的要求：依法行使权利；依法履行义务；依法维护自己的正当权益。

（三）推进全民守法的方法

环节三：《民法典》普法活动方案设计大比拼。

教师展示材料"习近平总书记关于《民法典》普法的论述"（参见"资源链接"案例14），并提问：

对于普及《民法典》，你有什么活动建议？

学生分组讨论拟定活动方案。在此过程中，让学生感受到全民守法需要着力增强全民法治观念,坚持把全民普法和守法作为依法治国的长期基础性工作。

> **知识点**
>
> 推进全民守法的方法:要着力增强全民法治观念,坚持把全民普法和守法作为依法治国的长期基础性工作。

环节四:电影观看活动。

教师播放电影《我不是潘金莲》的片段(参见"资源链接"视频10),让学生思考讨论以下问题:

1. 为什么我国存在"信'访'不信法"的现象?这给我们什么启示?
2. 在现实生活中应该如何推进全民守法?

教师小结:推进全民守法还应该充分调动人民群众投身依法治国实践的积极性和主动性。正如习近平总书记所指出的:"引导群众遇事找法、解决问题靠法,逐步改变社会上那种遇事不是找法而是找人的现象。"此外,我们还应该加强法治与德治的结合,在生活中强化规则意识,倡导契约精神,弘扬公序良俗,引导人们自觉履行法定义务、社会责任、家庭责任。

> **知识点**
>
> 推进全民守法的方法:要调动人民群众投身依法治国实践的积极性和主动性;要不断加强公民道德建设,弘扬中华优秀传统文化。

考核评价

1. 知识评价:对本堂课涉及的基本内容通过知识梳理、知识填空、课后练习、测评等形式进行评价。
2. 过程评价:通过对学生在课堂活动中的参与度、积极性和有效性的考量，评价学生的参与意识、合作精神和责任担当。

3. 实践评价：通过学生参与的模拟活动、校外实践教学活动等，评价学生的实践能力与核心素养。

资源链接

一、案例资源

案例1

《中华人民共和国民法典》编纂之路[①]

2014年10月23日，党的十八届四中全会审议通过《中共中央关于全面推进依法治国若干重大问题的决定》，明确提出了"加强市场法律制度建设，编纂民法典"的目标。

2016年6月，民法总则草案提请全国人大常委会初次审议，标志着民法典编纂工作正式进入立法程序。此前，我国已修改婚姻法，出台了继承法、民法通则、担保法、合同法、物权法、侵权责任法等一系列民事法律，为民法典编纂工作打下了坚实基础。

2017年3月，作为中国民法典开篇之作的民法总则，获十二届全国人大五次会议表决通过。民法典编纂完成了关键的"第一步"。

2018年8月，各分编草案首次提请十三届全国人大常委会第五次会议审议，其中包括6编，即物权编、合同编、人格权编、婚姻家庭编、继承编、

[①] 中国法院网.《中华人民共和国民法典》编纂之路［EB/OL］.https：//www.chinacourt.org/article/subjectdetail/id/MzAwNMg1MoABAA.shtml.

侵权责任编，共1034条。民法典编纂迈出"第二步"。

2018年12月、2019年4月、2019年6月、2019年8月、2019年10月，十三届全国人大常委会第七次、第十次、第十一次、第十二次、第十四次会议对各分编草案进行了拆分审议。

2019年12月23日，十三届全国人大常委会第十五次会议现场，一本本《中华人民共和国民法典（草案）》摆放在与会人员面前，"完整版"中国民法典草案首次亮相。2019年12月28日，十三届全国人大常委会第十五次会议表决通过了全国人大常委会关于提请审议《中华人民共和国民法典（草案）》的议案，决定将该草案提请十三届全国人大三次会议审议。

2019年12月28日至2020年1月26日，民法典草案在中国人大网公布，公开征求意见。期间，民法典草案共收到13 718位网民提出的114 574条意见。

2020年5月28日，十三届全国人大三次会议表决通过了《中华人民共和国民法典》，自2021年1月1日起施行。

案例2

《中华人民共和国民法典》第一编总则第一章第一条基本规定①

第一条　为了保护民事主体的合法权益，调整民事关系，维护社会和经济秩序，适应中国特色社会主义发展要求，弘扬社会主义核心价值观，根据宪法，制定本法。

---

① 中国人大网.中华人民共和国民法典［EB/OL］.（2020-06-02）.http://www.npc.gov.cn/npc/c30834/202006/75ba6483b8344591abd07917e1d25cc8.shtml.

案例3

《中华人民共和国立法法》第四、五、六条①

第四条　立法应当依照法定的权限和程序，从国家整体利益出发，维护社会主义法制的统一和尊严。

第五条　立法应当体现人民的意志，发扬社会主义民主，坚持立法公开，保障人民通过多种途径参与立法活动。

第六条　立法应当从实际出发，适应经济社会发展和全面深化改革的要求，科学合理地规定公民、法人和其他组织的权利与义务、国家机关的权力与责任。

案例4

法院认定城管故意伤害行为系邓正加死亡诱因②

经法院审理查明，2013年7月17日10时许，廖卫昌等人巡逻执法至临武县城关镇解放南路一路段时，发现邓正加夫妇未在城管划定区域内摆摊卖西瓜，在劝离未果的情况下"暂扣"了4个西瓜和一杆秤。邓正加夫妇进行阻拦，城管局工作人员告知邓正加夫妇到城管局去处理后，便离开。

当日11时许，被告人廖卫昌等人巡逻至临武大道农民自产自销指定区附近时，被转移至此摆摊卖西瓜的邓正加妻子黄某发现，黄某对廖卫昌等

---

① 中国人大网.中华人民共和国立法法 [EB/OL]. (2015-03-18). http://www.npc.gov.cn/zgrdw/npc/dbdhhy/12_3/2015-03/18/content_1930713.htm.
② 中国刑事法律网.法院认定城管故意伤害行为系邓正加死亡诱因 [EB/OL]. (2013-12-27). http://www.criminallaw.com.cn/article/default.asp? id=11500.

人谩骂。廖卫昌等人未予理睬,并到对面处理其他违规摆摊的商贩。因黄某一直对廖卫昌等人进行谩骂,廖卫昌便用手机拍摄该情况,黄某搬起西瓜作势欲砸廖卫昌,邓正加用秤杆戳向廖卫昌,廖卫昌、袁城、骆威平、夏际玉等人则一起抢夺秤杆。廖卫昌首先挥拳击打邓正加头面部,然后袁城、骆威平、夏际玉也动手对邓正加进行殴打,邓正加倒地后死亡。经法医鉴定,邓正加系在外力作用下诱发小脑与脑干桥延沟交汇处畸形血管破裂致蛛网膜下腔广泛出血而死亡。

案例5

《民法典》倡导的法律精神[①]

民法典倡导平等、自由、公平、诚信等法律精神,这些法律精神是公私法应共同遵守的社会主义基本法治理念,行政机关应当将这些民法精神贯彻到行政执法工作中去,坚持人民至上,强化公民权利保障。民法典将人格权独立成编,凸显了国家对公民人格尊严的重点保护,是人民至上的执政理念和以民为本的传统文化与社会主义核心价值观在民法典的集中体现。相比于西方国家民法典对公民财产权的特别强调,中国特色社会主义民法典将人民群众的生命权、健康权等人格权置于更为重要的位置上,形成了以人为中心的民法权利体系。

---

① 孟鸿志.民法典时代行政执法的创新与发展[EB/OL].(2020-11-06).http://www.legaldaily.com.cn/zt/content/2020-11/06/content_8348339.htm.

案例6

习近平总书记关于公正司法的论述[①]

严格规范公正文明执法，提高司法公信力，是维护民法典权威的有效手段。

民事案件同人民群众权益联系最直接最密切。各级司法机关要秉持公正司法，提高民事案件审判水平和效率。要加强民事司法工作，提高办案质量和司法公信力。

案例7

透视各地《民法典》第一案[②]

1. 保障文体活动健康有序开展，民法典确立自甘风险规则。

2021年1月4日，北京市朝阳区人民法院开庭审理了《民法典》施行后北京市的第一起案件。

案件中，原告宋先生与被告周先生都是羽毛球业余爱好者，2020年4月28日，原告、被告等人在朝阳区红领巾公园进行羽毛球比赛，比赛中，周先生击打的羽毛球击伤宋先生右眼。宋先生以周先生侵犯其生命权、健康权、身体权为由诉至朝阳区人民法院，要求周先生承担侵权责任，赔偿医药费等损失，并认为，即使周先生不存在重大过失，也应适用公平责任分

---

① 习近平.充分认识颁布实施民法典重大意义 依法更好保障人民合法权益［EB/OL］.（2020-06-15）.https：//www.ccps.gov.cn/xxsxk/zyls/202006/t20200615_141623.shtml.
② 新华网.透视各地民法典第一案［EB/OL］.（2021-01-13）.http：//www.xinhuanet.com/2021-01/13/c_1126976509.htm.

担损失。

而周先生认为，宋先生受伤前已连续参加三场比赛，其应知道自己是否适宜继续参加比赛及其风险。且其没有重力扣杀，是平打过去的，自己没有过错，不应承担责任。

生活中，羽毛球运动中因意外伤害导致的民事纠纷不在少数。有律师表示，在《民法典》实施之前，对于在文体活动中受伤的案例，一般适用《侵权责任法》和其他相关的司法解释，但这些法律未做明确具体的规定，所以处理方式也不同，有的会按照《侵权责任法》中的公平原则来处理，判决双方都承担一些责任，有的则会依据自甘风险的法学理论来处理。

而现在，《民法典》对此做了明确的规定。《民法典》侵权责任编第一千一百七十六条正式确立了自甘风险规则："自愿参加具有一定风险的文体活动，因其他参加者的行为受到损害的，受害人不得请求其他参加者承担侵权责任；但是，其他参加者对损害的发生有故意或者重大过失的除外。"

朝阳区人民法院一审审理认为，原告参加羽毛球运动应该清楚此项运动具有一定的危险性，而其自愿参加比赛，应当认定为自甘风险。根据《民法典》第一千一百七十六条第一款的规定及关于《民法典》时间效力的司法解释，判决驳回了原告的全部诉讼请求。

专家表示，《民法典》确立的自甘风险规则，保证了人民群众参加文体活动的积极性，确保无故意或重大过失的参与者不被"多少赔点"误伤，对于司法裁判尺度的统一，以及文体活动的健康有序发展，都具有积极意义。

2. 保护"头顶上的安全"，高空抛物致人损害依法承担民事责任。

2021年1月4日上午，广东省广州市越秀区人民法院开庭审理原告庾某某诉被告黄某某高空抛物损害责任纠纷一案，这也是《民法典》实施后广州市的第一案。经过1个小时的审理，合议庭适用《民法典》当庭宣判。

2019年5月26日下午,年近七旬的庚某某在小区花园内散步,经过黄某某楼下时,黄某某家小孩在自家35楼房屋阳台抛下一瓶矿泉水,水瓶落在庚某某身旁,致其受惊吓摔倒。报警后,庚某某被送入医院治疗。

次日,庚某某亲属与黄某某一起查看监控,确认了侵权事实后双方签订了一份确认书。协议签订后,黄某某赔偿庚某某1万元。

医院诊断认为,庚某某右侧股骨转子间粉碎性骨折、右侧眼眶骨折,住院费用花费数万元。经法医鉴定,庚某某伤情构成十级伤残。此后,庚某某向越秀区人民法院提起诉讼,要求黄某某赔偿医疗费、护理费、残疾赔偿金、交通费、鉴定费、住院伙食补助费、精神损害抚慰金等。

法院经审理认为,根据《最高人民法院关于适用〈中华人民共和国民法典〉时间效力的若干规定》第十九条之规定,《民法典》施行前,从建筑物中抛掷物品或者从建筑物上坠落的物品造成他人损害引起的民事纠纷案件,适用《民法典》第一千二百五十四条的规定,故本案应适用《民法典》。对侵权事实确认后,法院根据《民法典》及相关规定,确定由被告赔偿原告医疗费、护理费、交通费、住院伙食补助费、残疾赔偿金、鉴定费合计8.2万余元,赔偿精神损害抚慰金1万元。

近年来,全国各地陆续发生高空抛物、坠物伤人事件,成为"城市上空之痛"。对此,《民法典》将对高空安全的保护推向了新高度,明确禁止从建筑物中抛掷物品,对高空抛物、高空坠物致人损害的民事责任进行了厘定,也对物业服务企业的安全保障责任和公安机关的调查责任作出了规定。《民法典》的施行对遏制高空抛物行为发生、保护人民群众生命财产安全具有重要作用。本案的裁判,旗帜鲜明地表达出向高空抛物等不文明行为说"不",倡导公众讲文明、讲公德,树立文明、和谐的社会主义核心价值观。此外,刚刚颁布的刑法修正案(十一)规定,高空抛物情节严重的构成犯罪,承担刑事责任。

案例8

名词点击：罪刑法定　疑罪从无　非法证据排除[①]

罪刑法定：这是刑法的基本原则之一，其基本含义是"法无明文规定不为罪"和"法无明文规定不处罚"，即犯罪行为的界定、种类、构成条件和刑罚处罚的种类、幅度均应当由法律加以规定，对于刑法没有明文规定为犯罪的行为，不得定罪处罚。

疑罪从无：这是刑事诉讼法中确立的旨在实现司法公平和保障人权的重要制度，指对被告人定罪量刑必须依据确定、充分的证据。对于缺乏充分证据的案件，司法机关应当不起诉或判处被告人无罪。

非法证据排除：通常是指在刑事诉讼中，侦查机关及其工作人员不得使用刑讯逼供和以威胁、引诱、欺骗以及其他非法方法收集证据。凡以非法方法取得的证据均不得在刑事审判中被采纳。

案例9

小明，怎么又是你？！[②]

（1）小明0岁。

小明妈妈：我的宝宝还在肚子里，民法典里有保障胎儿权益的规定么吗？

民民：有！《民法典》规定，涉及遗产继承、接受赠与等胎儿利益保

---

① 思想政治必修3 政治与法治[M].北京：人民教育出版社，2019：105.
② 中国网.小明，怎么又是你？！[EB/OL].（2020-05-30）.http://www.china.com.cn/opinion/theory/2020-05/30/content_76108856.htm.

护的，胎儿视为具有民事权利能力。

（2）小明8岁。

小明妈妈：小明在我和他爸不知情的情况下，花5000元压岁钱买了一套玩具。我们可以要求店家退货退款吗？

民民：可以！《民法典》规定，八周岁以上的未成年人为限制民事行为能力人，其实施的纯获利益的民事法律行为或者与其年龄、智力、精神健康状况相适应的民事法律行为有效；实施的其他民事法律行为经其监护人同意或者追认后有效。

（3）小明18岁。

小明：终于考上了大学，独自一人坐高铁到学校报到。在高铁上，我遭遇"霸座"，我只能忍受吗？

民民：不用！《民法典》规定，旅客应当按照有效客票记载的时间、班次和座位号乘坐。旅客对承运人为安全运输所作的合理安排应当积极协助和配合。

（4）小明25岁。

小明：我参加选秀节目成了当地的红人，但是邻居们总是千方百计直播我在家的生活。我可以要求邻居停止直播吗？

民民：可以！《民法典》规定，除权利人明确同意外，任何组织或者个人不得进入、窥视、拍摄他人的住宅、宾馆房间等私密空间，不得拍摄、录制、公开、窥视、窃听他人的私密活动。

案例10

何某弹琴扰民[1]

何某爱好弹钢琴，退休后在家支起两架钢琴，除自己弹奏之外，还招了几个学生，在晚上进行教学活动。此起彼伏的琴声并没有让小区的生活变得多姿多彩，反而成为影响邻居休息的噪声。在居委会、派出所多次协调未果的情况下，邻居把何某告上了法庭，何某则认为自己是在合法行使权利。

案例11

《民法典》第二百九十四条[2]

【相邻不动产之间不可量物侵害】不动产权利人不得违反国家规定弃置固体废物，排放大气污染物、水污染物、土壤污染物、噪声、光辐射、电磁辐射等有害物质。

---

[1] 思想政治必修3 政治与法治[M].北京：人民教育出版社，2019：106.
[2] 中国人大网.中华人民共和国民法典[EB/OL].（2020-06-02）.http://www.npc.gov.cn/npc/c30834/202006/75ba6483b8344591abd07917e1d25cc8.shtml.

案例12

高青县为警方拘留一为讨薪爬塔吊男子[①]

2019年9月12日，高青县公安局常家派出所接到报警称，有人在某建筑工地爬上塔吊欲跳下，情况十分危险。值班民警接警后迅速赶往事发地点，民警在现场发现塔吊臂上站着一名男子。

据了解，该男子当时情绪激动，随时有坠落的危险。同时塔吊一旁的省道周围聚集数十名围观群众，省道车流量较大，也造成了一定的安全隐患。

民警见状立即寻求增援，并呼叫消防人员及救护人员到场。一名民警为了稳定跳楼男子情绪，采用扩音器耐心劝解；另一民警迅速开展走访调查。经了解，该男子系某建筑工地的一名工头，为了讨要薪金，写下了遗书并爬上了塔吊。随后增援民警赶到，对周边路段进行管控，劝离周边围观群众，避免影响交通。经过民警耐心细致的劝解，该名男子最终打消了轻生的念头，从塔吊上爬了下来。

经过询问得知，该男子姓许，分包某工地的钢筋工程，许某没有完成全部工程，但在计算工程款时又高于市场价格，和开发商发生纠纷，因此便爬上塔吊威胁开发商给钱。随后在相关部门工作人员的协调下，许某同意和开发商再行商讨薪金。9月14日，许某因寻衅滋事被处以行政拘留8天的处罚。

[①] 中国山东网.高青县警方拘留一为讨薪爬塔吊男子[EB/OL].（2019-09-16）.https：//baijiahao.baidu.com/s？id=1644817162119878287&wfr=spider&for=pc.

案例13

《民法典》第一千一百七十七条及第一千二百四十三条①

第一千一百七十七条【自助行为】合法权益受到侵害，情况紧迫且不能及时获得国家机关保护，不立即采取措施将使其合法权益受到难以弥补的损害的，受害人可以在保护自己合法权益的必要范围内采取扣留侵权人的财物等合理措施；但是，应当立即请求有关国家机关处理。

第一千二百四十三条【高度危险场所安全保障责任】未经许可进入高度危险活动区域或者高度危险物存放区域受到损害，管理人能够证明已经采取足够安全措施并尽到充分警示义务的，可以减轻或者不承担责任。

案例14

习近平总书记关于《民法典》普法的论述②

民法典共7编1260条、10万多字，是我国法律体系中条文最多、体量最大、编章结构最复杂的一部法律。民法典要实施好，就必须让民法典走到群众身边、走进群众心里。要广泛开展民法典普法工作，将其作为"十四五"时期普法工作的重点来抓，引导群众认识到民法典既是保护自身权益的法典，也是全体社会成员都必须遵循的规范，养成自觉守法的意识，形成遇事找法的习惯，培养解决问题靠法的意识和能力。要把民法典

---

① 中国人大网.中华人民共和国民法典［EB/OL］.（2020-06-02）.http://www.npc.gov.cn/npc/c30834/202006/75ba6483b8344591abd07917e1d25cc8.shtml.
② 习近平.充分认识颁布实施民法典重大意义 依法更好保障人民合法权益［EB/OL］.（2020-06-15）.https://www.ccps.gov.cn/xxsxk/zyls/202006/t20200615_141623.shtml.

纳入国民教育体系，加强对青少年民法典教育。

二、视频资源

1. 三分钟让你了解《民法典》，https：//v.qq.com/x/cover/mzc00200rivoyyr/r0034ivw0fb.html.

2. 新时代的民法典，https：//tv.cctv.com/2020/05/30/VIDEdyt2pF7WTFF0ThGaaRgx200530.shtml.

3. 《民法典》是科学立法、民主立法、依法立法的生动实践，https：//tv.cctv.com/2020/08/18/VIDEk6KMvn9D8dRSX6yhcMNo200818.shtml.

4. 纪录片《城市梦》——摆摊户和城管的对峙，https：//v.qq.com/x/page/a31488wsafh.html.

5. 《法治中国》第三集《依法行政》，http：//news.cctv.com/2017/08/21/ARTIC6hIMqZWu1somigVmqdX170821.shtml.

6. "眼神执法"警惕"软暴力"执法，https：//v.qq.com/x/page/9WU4xz3pTZW.html.

7. 城管与摆摊大爷互跪，https：//v.qq.com/x/page/x0527iuwae0.html.

8. 行政执法，如何更规范公正文明，https：//v.youku.com/v_show/id_XMzk5NzEwODQxMg%3D%3D.html.

9. 《城市梦》结尾片段，https：//v.qq.com/detail/m/mzc00200e0oaveh.html.

10. 我不是潘金莲，https：//www.iqiyi.com/v_19rra8dd40.html.

大学段：法治中国建设

教学目标

通过对中国特色社会主义法律体系、中国特色社会主义法治建设、中国特色社会主义法治观念等的教学，引导和帮助大学生在学习马克思主义法学原理的基础上，深刻理解中国特色社会主义法律的本质、体系构成、价值和作用，促进大学生从中国特色社会主义法律体系到中国特色社会主义法治体系、从依法治国到全面依法治国的发展历程中，感受中国法治的成就和进步，深刻理解全面依法治国的目标与原则，把握全面依法治国的基本格局，强化大学生对中国特色社会主义法治的道路自信、理论自信、制度自信，推进大学生准确理解并牢固树立中国特色社会主义法治理念，形成自觉守法、遇事找法、解决问题靠法的习惯，并以实际行动维护社会主义法律权威，成为法治中国建设的中坚力量。

教学内容

法律的定义；社会主义法律体系；社会主义法律的价值和作用；社会主义法律的运行；法律与法治的关系；中国特色社会主义法治体系、全面依法治国的基本格局、法治道路；中国特色社会主义法治思维；法律权威意识；正确的权利义务观。

教学重难点

1. 教学重点。

法律与道德、纪律的区别；法律与法治的关系；中国特色社会主义法治体系与法治道路；中国特色社会主义法治思维、权利义务观。

2. 教学难点。

法治与法律的关系；中国特色社会主义法治道路；正确的权利义务观。

学情分析

经过小学、中学阶段的学习，大学生已感受了规则、法律、法治之美，具有一定的规则意识、法律意识和法治观念，但尚未形成系统化、理论化的法治知识，大学生也应当承担法治中国建设的重要责任，因此，需要从国家治理体系和治理能力现代化的角度，加强培养大学生法治建设的担当精神与担当能力。

设计思路

1. 设计理念。

本专题以"法治中国建设"为主线，设计了中国特色社会主义法律、中国特色社会主义法治、中国特色社会主义法治观念三部分的内容。其中，中国特色社会主义法律是法治中国建设的制度基础，学生将通过本部分的学习，全面认识中国特色社会主义法律体系。中国特色社会主义法治是法治中国建设的重要内容，本专题还会将高中阶段"全面依法治国的基本格局"的教育内容扩展到中国特色社会主义法治道路。"中国特色社会主义法治观念"这部分的内容将引导大学生在小学阶段培养规则意识、初中阶段培养法律意识、高中阶段提升法治素养的基础上，进一步树立中国特色社会主义法治思维、法律权威观、正确的权利义务观，强化建设法治中国的使命与担当。

2. 思维导图（见图3-5）。

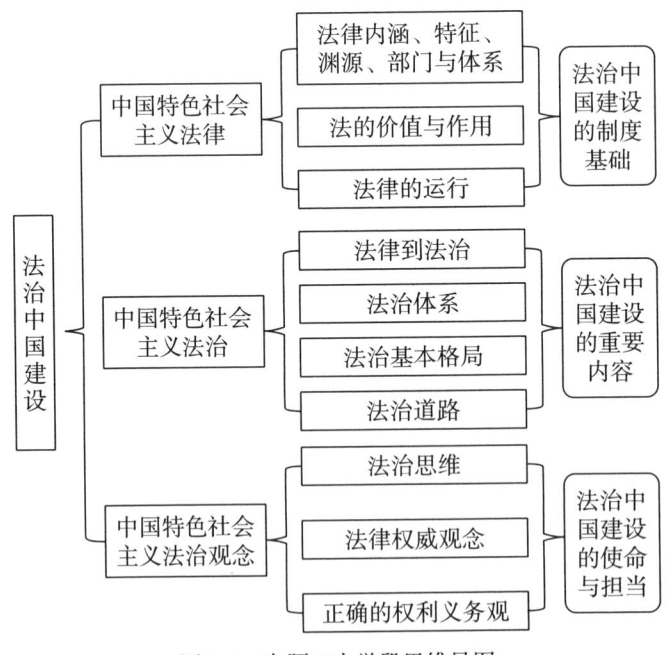

图3-5 专题三大学段思维导图

实施方案

一、中国特色社会主义法律

课程导入

教师展示如下材料1。

在日常生活中，我们可能会遇到以下情况。

情况1：某人某天见了老师没有主动热情地打招呼、问好，于是人们批评他，说他没有礼貌。

情况2：某人上班迟到了，结果单位扣减了给他的报酬。

情况3：某人在十字路口正好遇到红灯，但他视而不见，直接闯过去了，结果被交通警察罚款。

学生进行讨论：为什么这些行为受到的惩罚各不相同？

教师小结　上述行为之所以受到不同的惩罚，是因为这些规则的性质不同。通过小学、中学阶段的学习，我们应当知道第一种情况涉及的规则属于道德范畴，第二种情况涉及的规则属于用人单位制定的规章范畴，而第三种情况涉及的规则属于法律范畴。那么，什么是法律？

（一）什么是社会主义法律

1. 社会主义法律的内涵。

教师解析：在中学时代，我们已对法律的定义有所了解，但还不全面。"法律"的定义，有马克思主义的法律定义和非马克思主义的法律定义之别。非马克思主义法律定义可以分为三类观点：第一种是从法律的本体下定义，具有代表性的定义有规则说、命令说、判决说等；第二种是从法律的本源下定义，着重说明法律的基础或法律自何出，比较有代表性的定义有神意论、理性论、公意论等；第三种则是从法律作用的角度下定义，着重说明法的工具性，较有代表性的定义有正义论，认为法律是正义的工具。上述观点有其合理的因素，但更多的却是其存在的不合理因素，有的是唯心主义的，有的是形而上学的，有的是神秘主义的，它们没有揭示或者故意掩盖了法的阶级本质。

马克思主义者认为，法律是由国家制定或认可并依靠国家强制力保证实施的，反映由特定社会物质生活条件所决定的统治阶级意志的行为规范。其特征主要有：一是法律是由国家制定的行为规范，具有国家意志性；二是法律由国家强制力保证实施，具有国家强制性；三是法律本质是统治阶级意志的体现；四是法律由特定社会物质生活条件决定。法律与道德、规章等其他规则相比较，呈现出不同特点（参见表3-5）。

表3-5 法律与其他规则的比较

规则	意志性	调节机制	约束力	强制性
法律	国家	权利与义务	普遍	国家强制力
道德	阶级或阶层	义务	特殊	内心信念、社会舆论力量
纪律	社会组织	义务	特殊	社会组织力量
习俗	地域群体	义务	特殊	地域社会力量

人类历史上出现过不同类型的法律，包括奴隶制法律、封建制法律、资本主义法律、社会主义法律。前三种类型的法律，都是建立在以生产资料私有制为核心的经济基础之上，主要体现剥削阶级的意志和利益，维护着人剥削人的制度。而社会主义法律以公有制为经济基础，由社会主义国家制定或认可，集中体现了最广大人民群众意志的法律。

2. 社会主义法律的表现形式——渊源。

教师展示如下材料2。

根据我国法律规定，下列规范属于法律渊源的是（　　）。

A. 成都市人民政府颁布的《禁止焚烧秸秆的规定》

B. ××省工商局颁布的《外商投资企业注册资本的规定》

C．教育部颁布的《普通高等学校学生管理规定》

D．××省教育厅发布的《××省中等职业学校学生学籍管理暂行规定》

教师解析：法律的渊源是指法律的表现形式，即国家机关制定或认可的，具有不同法律效力和法律地位的各种类别的规范性文件的总称。我国现阶段，法律的渊源是：

（1）宪法，是国家的根本大法，由我国最高国家权力机关、最高国家立法机关——全国人民代表大会按特殊程序制定和修改的，规定了国家的根本制度和根本任务，以及公民的基本权利和义务，是具有最高法律效力的规范性法律文件。它在我国法律体系中居于主导地位，其他的法律法规都必须以宪法为根据，不得同宪法相抵触。

（2）法律，即狭义的法律，是全国人民代表大会和全国人民代表大会常务委员会制定、修改、颁布的规范性文件。其中，有关刑事、民事、国家机构的基本法律和其他的基本法律由全国人民代表大会制定和修改，基本法律以外的其他法律由全国人民代表大会常务委员会制定或修改。其效力仅次于宪法。

（3）行政法规，是国务院根据宪法和法律的规定，按照法定程序制定的有关行使行政权力、履行行政职责的规范性文件的总称。

（4）地方性法规，即各省、自治区、直辖市的人民代表大会及其常务委员会，根据本行政区域的具体情况和实际需要制定的规范性文件。地方性法规不得与宪法、法律和行政法规相抵触，且仅在本地区内有效。

（5）部门规章和地方政府规章，是由国务院各部委等直属机构，根据法律和国务院的行政法规、决定、命令，在本部门的权限范围内制定的规范性文件，即部门规章。部门规章一般在全国范围内有效。省、自治区、直辖市人民政府和设区的市、自治州的人民政府，根据法律、行政法规和本省、自治区、直辖市的地方性法规制定的规范性文件，总称为地方政府规章。地方政府规章仅在本地区内有效。

除此之外，司法解释、判例、法学名家的学说等，不是我国广义的法律渊源，但在司法实践中，它们对于案件的裁判有一定指导作用。

3．我国社会主义法律体系。

教师展示如下材料3。

据相关报道数据显示，2021年正式开通的"国家法律法规数据库"收录了宪法和现行有效法律275件，法律解释25件，有关法律问题和重大问题的决定147件，行政法规609件，地方性法规、自治条例和单行条例、经济特区法规16000余件，司法解释637件，涵盖了中国特色社会主义法律体系最主要的内容。

教师提问，学生针对这些问题进行讨论分享。

（1）这些法规是杂乱无章的吗？

（2）如此庞大的法律规范中，如何准确地找到需要遵循的法律规范呢？

（3）这些法律规范之间是何关系呢？

教师小结：法律体系是指一国的全部现行法律规范，按照一定的标准和原则划分为不同的法律部门，并由各法律部门按照一定的逻辑所组成的有机体系。我国的法律体系是以宪法为统帅，由刑事法法律部门、民商法法律部门、行政法法律部门、经济法法律部门、社会法法律部门、程序法法律部门等构成的有机体系，如图3-6所示。

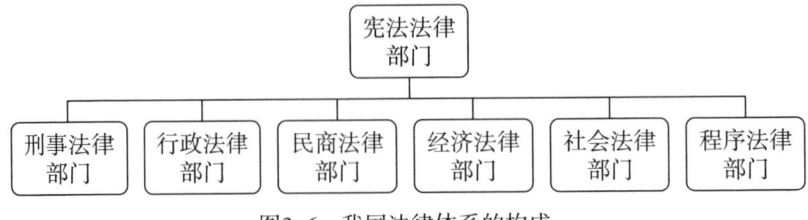

图3-6　我国法律体系的构成

（二）社会主义法律的价值和作用

辩论活动：教师将学生分为两个大组，就社会主义法律的价值和作用进行辩论。

教师小结

1. 社会主义法律的价值。

社会主义法律的价值是社会主义法律满足主体需要的关系。一般认为社会主义法律主要有以下价值。

（1）秩序价值。规则和秩序本身"对任何要摆脱单纯的偶然性或任意性而取得社会的固定性和独立性的生产方式来说，是一个必不可少的要素"①，而"社会控制的手段种类繁多，但最为具体与明确的应推法律"②。法律通过划定利益、分配利益、调整利益和强制方式、规范方式来构建秩序，因此，法律对秩序有着特殊的意义。以至于许多学者认为，法律本身就是秩序。法律建立政治、经济、社会生活秩序，从而构建一个人人各安其分的社会。

（2）安全价值。安全是人类的基本需要，包括人身安全、财产安全、社会安全和公共安全等。安全的满足是人类自我保护的需要。法律作为社会控制的主要手段，通过确立主体的权利和相对人的义务来满足人们的安全需要。为此，法律确认主体有生命权、健康权、姓名权、肖像权、配偶权等人身权和物权、债权、知识产权等传统的财产权，以及一些新型的如自由经商权、资源使用权等财产权。与此相应的，权利人以外的人对权利必须尊重，如果权利受到侵犯，权利人可以通过自力或公力方式进行救济。国家还以其实施法律的强制力不定期确保人们的安全，"国家强制力对人们安全的需要、满足来说，是强有力的杠杆和最后的保障"③。

---

① 马克思恩格斯全集 第二十五卷[M].北京：人民出版社，1974：894.
② 卓泽渊.法律价值[M].重庆：重庆大学出版社,1994:119.
③ 卢云.法学基础理论[M].北京：中国政法大学出版社,1994:209.

（3）自由价值。马克思明确指出："法律不是压制自由的手段"，"法律是肯定的、明确的、普遍的规范，在这些规范中自由的存在具有普遍的、理论的、不取决于个别人的任性的性质。法典就是人民自由的圣经"①。"自由就是从事一切对别人没有害处的活动的权利。每个人所能进行的对别人没有害处的活动的界限是由法律规定的，正像地界是由界标确定的一样。"②自由与法律有特别的关系，法律明确了自由的原则，如宪法中的公民自由、民法中的意志自由、商法中的从商自由等；法律通过规定人们的自由权利来确认各自的自由，并明确各自自由的界限，从而避免特定自由绝对化而有害于他人自由，如宪法中的政治自由权利，民商法中的自由缔约权、婚姻自由权、权利处分自由权等；而且法律还通过程序实现对侵犯他人自由权利的惩罚和自由受到侵犯的救济。

（4）平等价值。马克思认为："平等是人在实践领域中对自身的意识，也就是人意识到别人是和自己平等的人，人把别人当作和自己平等的人来对待"，"它表明人对人的社会的关系或人的关系"③。因此，平等是一种人与人的社会关系。在奴隶社会、封建社会和资本主义社会，法律"通过有意的人类选择而制定"，从而将社会不同的人置于不平等的地位。社会主义法律则通过"有意的人类选择"而置人们于平等，并给予人们保护。"法律面前人人平等"已成为社会主义法律的基本原则，并在许多部门法中建立相应的制度，如宪法中的公民权利平等、民法中的民事主体平等、诉讼法中的适用法律一律平等。

（5）正义价值。正义与公平常被联系在一起使用。自人类社会产生以来，伴随着利益的分配，产生了对公平正义的诉求。公平正义也一直被视为人类社会的美德、一种道德上的善行。但对于"什么是公平正义"却存在诸多观点，概括而言，主要有：均等说，即每个人应获得同样的对待；

---

① 马克思恩格斯全集 第一卷[M].北京：人民出版社，1956：71.
② 马克思恩格斯全集 第一卷[M].北京：人民出版社，1956：438.
③ 马克思恩格斯全集 第二卷[M].北京：人民出版社，1957:48.

应得说，即给予每个人他应得的部分；对等说，即以其人之道还治其人之身；还有折衷说。尽管至今也没有形成大多数人所接受的公平正义的概念，但这并不妨碍人们对公平正义的渴望，人们也认同上述观点均属于公平、正义之范畴。法律以公平正义为先导，通过立法、实施法律、守法等诸环节实现公平正义。法律还通过分配利益和义务来确立公平正义，通过惩罚违法犯罪来保障公平正义。

2. 社会主义法律的作用。

社会主义法律的作用是社会主义法律对人的行为以及最终对社会关系所产生的影响，是国家权力运行和国家意志实现的具体表现，是社会经济状况的具体表现。社会主义法律的作用对象有行为和社会两个部分，其中社会主义法律对人的行为的作用，许多学者谓之"规范作用"，社会主义法律对社会的作用被谓为"社会作用"。社会主义法律的规范作用和社会作用是手段和目的的关系，即国家通过法律的规范作用这一手段来达到发挥法律的社会作用的目的。

一般认为，社会主义法律有指引作用、预测作用、评价作用、强制作用、教育作用和宏观调控作用。

社会主义法律的社会作用指社会主义法律在宏观上对社会关系的确认、调整和保护的作用。社会主义法律促进和保障社会主义经济建设、政治建设、文化建设、生态文明建设；通过维护社会的公平正义，推动社会主义和谐社会的构建，促进和保障对外经济、政治、文化关系的发展，确保国家安全。

（三）我国社会主义法律的运行

任何法，无论对社会有多大的价值或意义，都仰赖法的运行。只有良好地运行法，才能实现法的社会效用。法律的运行包含从创制到实施的过程，法律的创制就是立法，法律的实施则包括法律的遵守、法律的执行、法律的适用、法制监督等环节。

1. 立法。

立法，又称法的创制，通常有广义和狭义两种理解。广义的立法泛指有关国家机关在其法定的职权范围内，依照法定程序，制定、修改、补充、废止规范性法律文件的活动。狭义的立法专指国家最高立法机关制定、废止法律的活动。

立法体制是指一个国家享有立法权的机关以及它们在立法权限上分工而形成的有机体系。我国现行立法体制根据法律的渊源来确定。

2. 法的实施。

法律实施就是指通过一定的方式使法律规范在社会生活中得到贯彻和实现的活动，这是法作用于社会关系的特殊形式。法律实施不仅包括国家机关及其工作人员执行法律规范的活动，而且还包括社会团体和公民遵守法律规范的活动。根据法律实施的主体的不同，可以把法律实施的方式分为：法律遵守和法律适用。

法律遵守，简称守法，是指一切国家机关和武装力量、各政党和各社会团体、各企业事业组织和公民个人都必须遵守宪法和法律。这是我国法律实施的基本方式之一。守法不仅理解为履行法律义务，而且应当理解为依法享有和行使权利，是正确行使权利与履行法律义务的统一。

法律适用有广义、狭义两种含义。从广义上说，法律适用是指国家机关及其工作人员和国家授权的社会组织依照法定的职权和程序，运用国家权力，把法律规范运用于具体的主体或场合，解决具体问题的专门活动，包括一切司法和执法活动。从狭义上说，法律适用专指司法机关及其工作人员依照法定的职权和程序，运用法律规范处理具体案件的活动，也称司法或司法适用。

教师展示如下材料4。

下列哪些行为属于法的适用（　　）。

A. 某自然人认为自己未达到法定婚龄而拒绝同恋人结婚

B．海关工作人员认为某人有走私嫌疑而对其检查

C．检察机关根据群众检举对某人的受贿行为进行侦查

D．某法官办案途中发现二人发生口角而依事实和法律对其进行劝解

教师分析：按照广义理解，应当选择BC。按照狭义理解，应当选择C，因为B属于执法。

教师小结：通过上述学习，我们知道了我国的社会主义法律作为调整人们关系的一种行为规则，与同样作为行为规则的道德、用人单位的规章等规则相比，有其特殊性；了解了中国特色社会主义法律的完备体系对个人、对社会有巨大的价值或作用。

二、中国特色社会主义法治

（一）从法律到法治

辩论活动：教师将学生分为两大组。学生就法律与法治的关系进行辩论。正方观点是有法律必有法治；反方观点是有法律并不一定有法治。

教师小结：在高中时，我们已初步了解了法律与法治的关系。但这里需要系统、深刻地理解法律与法治究竟是什么关系、如何从法律之治到法治。

当代中国，"法治"由学术话语变成了社会话语，人们从来没有像今天这样重视"法治"。对"什么叫法治"这个问题的看法，大家也是见仁见智。关于"法治"的争论，体现了"法治"中的法律及其运行、法律的态度，以及对法律的态度等众多观点。比如，把法治与人治、德治对应，表征治国方略或社会调控方式，体现法律在社会治理、国家治理中的地位与作用。这是强调法治中的法律制度及其运行、对法律的态度。又如，认为法治表征一种良好的秩序状态，这是强调人们对法律及其在建构社会秩序中的态度。再如，认为法治是融汇民主、自由、平等、人权、理性、文

明、秩序、正义、效益与合法性等诸社会价值的综合观念，这是法律的态度。近年来，我国法学界提出的"法治精神是法治的思想内核，是法的价值的体现，是法治思考凝聚而成的思想精华，是法治实践必须奉行的基本原则"，即对法律的态度和法律的态度。因此，法治的基本内容应当包括：法律及其运行、法治精神，以及法治精神对其他规则及其运行的引导（如图3-7）。

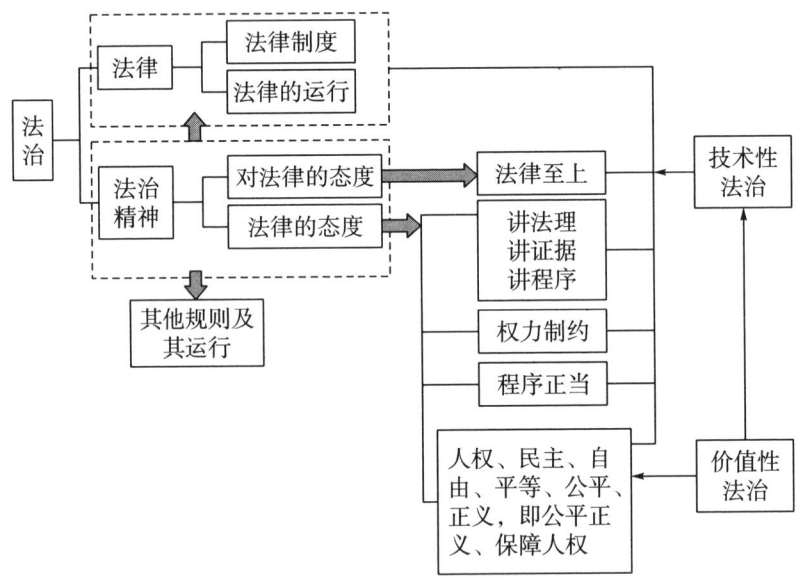

图3-7 "厚"法治的结构

从结构来说，法治包括四个层面：（1）法律及其运行；（2）对法律的态度主要是宪法、法律至上；（3）法律应持有的态度主要包括讲法理、讲证据、讲程序、权力制约、程序正当等技术性观念和人权、民主、自由、平等、公平、正义等价值性观念；（4）法治精神指导下的其他规则。所谓的"薄"法治即由上述第一个层面构成；"厚"法治由上述四个层面构成。从结构要素之间的关系来说，法治精神体现在法律中，而法律必须在法治精神指引下运行，从而确保法律制度及其运行都是良善的。而法治精神不仅决定法律及其运行，并且决定了其他规则及其运行，如党内法规、社会自治规则中都贯彻和体现有法治精神，从而形成法治社会。

根据图3-7，可以得出结论：法治不仅是指法律，而且指类似法律的规则；不仅指法治规则，还指法治规则的运行；不仅包括法律及其运行，还包括法治精神，以及法治精神对其他规则及其运行的引导。法治是法律、规则及其运行与法治精神的统一。

法治是法律的最高追求。从整个人类社会的发展来说，法律之治自奴隶社会时就存在，但那不是法治。法治坚持良法至上，要求良法在社会治理中取得权威性。这是法律自身应有的最高追求。

（二）中国特色社会主义法治体系

1. 完备的法律规范体系，是建设中国特色社会主义法治体系的前提，是形成法治国家、法治政府、法治社会的制度基础。其要求是以宪法为核心，制定内容齐全、结构严谨、内部协调、体例科学、调整有效的法律及其配套法规。

2. 高效的法治实施体系，是建设中国特色社会主义法治体系的重点。其要求是执法、司法、守法等各个环节有效衔接、协调高效运转、持续共同发力，实现效果最大化。

3. 严密的法治监督体系，是宪法、法律有效实施的重要保障。其要求是建立法治化权力监督网络，有权必有责、用权受监督、违法必追究。

4. 有力的法治保障体系，是全面依法治国的重要依托。其要求是完善政治和组织保障、人才和物质条件保障、法治意识和法治精神保障等。

5. 完善的党内法规体系，是建设中国特色社会主义法治体系的本质要求和重要内容。完善的党内法规体系是内容科学、程序严密、配套完备、运行有效的党内制度及其运行、保障体系。

教师小结：中国特色社会主义法治体系为全面依法治国提供了基础和保障，而推进全面依法治国必须从立法、执法、司法、守法四个方面统筹推进,从而构成全面依法治国的基本格局。

(三) 全面依法治国的基本格局

"科学立法、严格执法、公正司法、全民守法"十六字方针,展现了全面依法治国的基本格局。"十六字"方针在高中阶段已做详细阐述,这里仅予以简要的总结。

科学立法,以完善以宪法为核心的中国特色社会主义法律体系,加强宪法实施为目标。要求:坚持以民为本、立法为民理念,遵循公正、公平、公开原则,完善立法体制机制,加强党对立法工作的领导,深入推进科学立法、民主立法等。

严格执法,以深入推进依法行政,加快建设法治政府为目标。要求:建设职能科学、权责法定、执法严明、公开公正、廉洁高效、守法诚信的法治政府。

公正司法,以保证公正司法,提高司法公信力,努力让人民群众在每一个司法案件中都能感受到公平正义为目标。要求:完善确保依法独立公正行使审判权和检察权的制度,优化司法职权配置,推进以审判为中心的诉讼制度改革,保障人民群众参与司法,加强人权司法保障和对司法活动的监督。

全民守法,以增强全民法治观念,推进法治社会建设为目标。要求:弘扬社会主义法治精神,推动全社会树立法治意识,推进依法治理,健全依法维权和化解纠纷机制等。

教师小结:全面依法治国格局回答了"怎么做"的问题。这里还需要深刻理解作为中国特色社会主义法治体系的重要组成部分的全面依法治国基本格局与法治体系、法治道路的关系。

（四）中国特色社会主义法治道路

教师组织学生讨论：推进全面依法治国，中国应当走什么样的道路？照搬西方法治道路，还是走中国特色社会主义法治道路？

教师分析：中国特色社会主义法治道路的形成大致经历了三个阶段。第一阶段，1949年中华人民共和国成立，创设新型国家与法律制度，为中国特色社会主义法治道路之形成奠定了基础。第二阶段，以党的十一届三中全会为标志，提出了加强社会主义民主法治建设，制定了一系列法律法规，如《中华人民共和国民法通则》《中华人民共和国刑法》等。党的十五大提出"依法治国"基本方略，2011年初宣告中国特色社会主义法律体系基本形成，充分展示了中国特色社会主义法治道路的确立。第三阶段，以党的十八大和十八届三中全会、四中全会为标志，中国特色社会主义法治道路进入了新的历史阶段，把全面依法治国放在"四个全面"战略布局中来把握，精心谋划全面推进依法治国的顶层设计方案，坚定不移推进法治领域改革。[①]

这个过程形成并体现了相应的特征，即走中国特色社会主义法治道路必须坚持中国共产党的领导，坚持人民主体地位，坚持法律面前人人平等，坚持依法治国和以德治国相结合，坚持从中国实际出发。

坚持中国共产党的领导。党的领导是中国特色社会主义最本质的特征，是社会主义法治最根本的保证。社会主义法治必须坚持党的领导，党的领导须依靠社会主义法治。坚持党的领导、人民当家作主、依法治国有机统一，党领导立法、保证执法、支持司法、带头守法。

坚持人民主体地位。人民是依法治国的主体和力量源泉，坚持人民主体地位是依法治国的基本原则。必须把人民当家作主贯彻到依法治国的全过程之中，保证人民的广泛参与。

---

① 公丕祥.中国特色社会主义法治道路的时代进程[J].中国法学.2015（05）：29-52.

坚持法律面前人人平等。法律面前人人平等，可以充分显示中国特色社会主义制度的优越性，使人民在依法治国中的主体地位得到尊重和保障，从而有利于增强人民群众的主人翁意识和责任感；鲜明地反对法外特权、法外开恩，对掌握公权力的人形成制约，从而有利于预防特权思想和各种潜规则的侵蚀；鲜明地反对法律适用上的各种歧视；要求人人都严格依法办事。

坚持依法治国和以德治国相结合。法治和德治共同发挥作用，才能使法律与道德相辅相成，做到法安天下，德润人心。强化道德对法治的支撑作用；把道德要求贯彻到法治建设中；运用法治手段解决道德领域的突出问题。

坚持从中国实际出发。建设法治中国，必须从我国实际出发，同发展和完善中国特色社会主义制度、推进国家治理体系和治理能力现代化相适应，既不能罔顾国情、超越阶段，也不能因循守旧、墨守成规。坚持从实际出发，就是要突出法治道路的中国特色、实践特色、时代特色。同时，学习借鉴世界上优秀的法治文明成果，但不能搞"全盘西化"，不能搞"全面移植"。

教师小结：中国特色社会主义法治是法治中国建设的重要内容，通过中国特色社会主义法治理论学习，应当坚定中国特色社会主义法治理论自信、制度自信、文化自信和道路自信，旗帜鲜明地反对西方宪政思潮。

三、中国特色社会主义法治观念

课程导入

教师播放视频"萝卜怎么办"（参见"资源链接"视频1）。

学生讨论：为什么人们都对刘崇汉的行为只从道德而没有从法律视角去评价呢？

教师小结：我们学习法律，理解中国特色社会主义法治后，应当树立相应的法治观念。

（一）法治思维

1. 法治思维的内涵。

尽管人们对法治思维的理解可能不尽相同，但各种观点所包含的核心内容相差无几，与法治内容紧密相关，即人脑以法治精神为价值评价，对法治现象进行有目的的概括性、间接性认知活动的过程及其结果状态；即以法治价值和法治精神为导向，运用法律原则、法律规则、法律方法思考和处理问题的思维模式。概而言之，其包含以下几层含义：第一，法治思维以法治价值和法治精神为指导，蕴含着公正、平等、民主、人权等法治理念，是一种正当性思维；第二，法治思维以法律原则和法律规则为依据来指导人们的社会行为，是一种规范性思维；第三，法治思维以法律手段与法律方法为依托分析问题、处理问题、解决纠纷，是一种可靠的逻辑思维；第四，法治思维是一种符合规律、尊重事实的科学思维。因此，法治思维是一种融法律的价值属性和工具理性于一体的特殊的高级法律意识。

2. 法治思维的内容。

法治思维的内容主要包括对法律的态度、法律应持有的态度。其中"对法律的态度"主要是宪法、法律至上的观念。"法律应持有的态度"主要包括讲法理、讲证据、讲程序、权力制约、程序正当等技术性观念，以及人权、民主、自由、平等、公平、正义等价值性观念。

（二）法律权威意识

教师播放视频"被告杨剑昌"（参见"资源链接"视频2）。
学生讨论：该案对我们有何启示？

教师小结：该案对我们的启示主要有两项，一是维权要有法治思维；二是要相信法律，维护法律的权威。

法律的权威是就国家治理过程中法律的地位和作用而言的，是指法律的内在说服力和外在强制力得到普遍的支持和服从。法律权威的树立主要依靠法律的外在强制力和内在说服力。法律的外在强制力是法律权威的外在条件，主要表现为国家对违法行为的制裁。

对于大学生来说，至少应做到努力树立法律信仰、积极宣传法律知识、敢于同违法犯罪行为作斗争。

（三）正确的权利义务观

教师展示如下材料5。

有的大学生因为违反学校纪律或荒废学业而被退学后，认为学校侵犯了宪法赋予其的受教育的权利，而起诉学校；有的大学生认为贫困生受资助的权利不容剥夺，却对受资助的贫困生应承担的义务（如不得高消费等）视而不见。

学生讨论：这些主张是否合法？

教师引导学生思考：权利与义务究竟是什么关系？我们应当有什么样的正确的权利义务观念？

1. 法律中的权利、义务的概念与性质。

一般认为，权利是要求他人为或不为某种行为的资格。义务则是法律关系主体依法应当或必须为或不为某种行为的责任。两者都具有法律性、行为性等特点。从法律来源来说，可以将权利分为公民基本权利、其他权利。根据性质，又可以将权利分为如下类别（见表3-6）：

表3-6 权利的类别

权利类别	具体权利
政治性权利	选举权与被选举权，言论、出版、集会、结社、游行、示威的自由，监督公共权力权、宗教信仰自由等
经济权利（财产性权利）	物权、债权、知识产权、经营管理权、承包经营权、投资权等
人身权利	生命权、身体权、健康权、姓名权、肖像权、名誉权、荣誉权、婚姻自主权、隐私权、著作署名权、专利发明人署名权等
社会、文化权利	受教育权、获得救助权等

2. 法律权利与法律义务的关系。

结构上的相关关系（权利与义务的对称性）。权利与义务相互依存，表现为权利与义务常是对称的，即一方的权利就是另一方的义务，如物权、知识产权是绝对权，是特定主体的权利，同时是除权利主体外的非特定人的义务。债权则是特定主体间的权利和义务关系，权利人的权利就是义务人的义务。权利与义务是同一事物的对立面的反映。所以，分配给某主体权利时，必须对称性地给其他主体分配义务；当其他主体分配了权利时，对称性地分配义务给某主体。

权利、义务的均衡性。权利与义务的均衡性体现在总量上的等值关系。任何人在社会中享有权利与履行义务应维持均衡；在具体的法律关系中，法律权利的范围就是法律义务的界限，同样，法律义务的范围就是法律权利的界限。

权利的目的性和义务的工具性。在权利本位立法中，权利是法律制度的核心和目标，体现一种目的性。而义务是为了确保权利的实现，体现出一种工具性，诚如法律赋予每个人不许随意杀害他人的义务是为了防止每个人随意被别人杀害，从而确保生命权、健康权的实现。就权利的目的性和义务的工具性关系来说，人们习惯性地说"法律就是权利"。

权利享受与实现的对价与条件——履行义务。一方面，从动态角度考虑，履行义务是享受权利的对价。对价是指享受权利必须履行义务，而且履行义务是享受权利的条件。另一方面，法律义务以其强制某些积极行为发生、防范某些消极行为出现的特有约束机制而更有助于建立社会秩序；法律权利以其特有的利益导向和激励机制而更有助于实现人的自由。[①]权利与义务在功能上互补，因此，权利的实现必须以他人履行义务为条件，没有他人履行义务，这些权利就不可能实现。

权利的界限性。从范围来看，法律权利和法律义务都有明确的界限。首先，法律规定的权利和义务的种类及范围，受社会物质生活条件、政治文明程度以及文化发展水平制约，以社会承受能力为限度。其次，权利边界的形式就是法律的规定。再次，权利的边界是国家、社会、他人的权益。同时，权利、义务互为边界。此外，权利不得滥用（正当性边界）。最后，权利有时间界限。

3. 权利的正确行使与依法履行义务。

权利的正确行使。应当认真对待权利，必须正确理解权利与义务一致的关系，恰当地行使权利。而"恰当"就是依照法律规定的条件、方式、程序合理地行使权利，并合理地履行其中的义务。因此，正确的依法行使权利的一般要求：①依照法定目的行使权利；②依照法定条件行使权利；③依照法定方式行使权利；④依照法定程序行使权利；⑤在法定的合理限度行使权利。同时具备前述五个要件，才是正确的权利行使。

依法履行义务。权利实现需要他人依法履行义务，也需要自身履行义务，这是自身权利行使和实现的条件。要求人们明确自己的义务，积极履行义务等。

教师小结：法治中国建设赋予大学生的使命担当就是积极树立法治思维，尊重法律权威，有正确的权利义务观，从自身做起，共同推进法治国

---

① 张文显.法哲学范畴研究 修订版[M].北京：中国政法大学出版社，2001：341.

家、法治政府、法治社会一体化建设。

考核评价

通过对学生参与课堂讨论和辩论、小论文撰写、案例分析等的积极性及效果进行评价。

资源链接

一、书刊

1．中华人民共和国宪法［M］.北京：人民出版社，2018.
2．中共中央关于全面推进依法治国若干重大问题的决定［M］.北京：人民出版社，2014.
3．本书编写组.中共中央关于全面推进依法治国若干重大问题的决定辅导读本［M］.北京：人民出版社，2014.
4．中共中央文献研究室.习近平关于全面依法治国论述摘编［M］.北京：中央文献出版社，2015.
5．中共中央宣传部理论局.法治热点面对面2015［M］.学习出版社，人民出版社，2015.
6．习近平.在首都各界纪念现行宪法公布施行30周年大会上的讲话［J］.人民日报，2012-12-05.
7．习近平.坚定不移走中国特色社会主义法治道路，为全面建设社会主义现代化国家提供有力法治保障［J］.求是，2021（5）．
8．中华人民共和国民法典：全国人民代表大会常务委员会公报版

[M].北京：中国民主法制出版社，2020.

二、视频资源

1. 萝卜怎么办，https：//www.bilibili.com/video/av415926316.
2. 被告杨剑昌，http：//www.cctv.com/zhuanti/newsprobe/dangan/dangan22.html.

参考文献

1. 本书编写组.思想道德修养与法律基础［M］.北京：高等教育出版社，2018.
2. 中共中央关于全面推进依法治国若干重大问题的决定［M］.北京：人民出版社，2014.
3. 马克思恩格斯全集 第一卷［M］.北京：人民出版社，1956.
4. 马克思恩格斯全集 第二卷［M］.北京：人民出版社，1957.
5. 马克思恩格斯全集 第二十五卷［M］.北京：人民出版社，1974.
6. 张文显.法哲学范畴研究［M］.北京：中国政法大学出版社，1993.
7. 张文显.法哲学范畴研究 修订版［M］.北京：中国政法大学出版社，2001.
7. 卓泽渊.法律价值［M］.重庆：重庆大学出版社，1994.
8. 卓泽渊.法治精神应体现法的价值并指导法治实践［N］.法制日报，2007-08-31.
9. 卢云.法学基础理论［M］.北京：中国政法大学出版社，1994.
10. 公丕祥.中国特色社会主义法治道路的时代进程［J］.中国法学.2015（05）：29-52.